시를 만나다
― 〈시인의 말〉을 통해 본 시인론

우대식 문학평론집

도서출판 상상인

시를 만나다

| **책을 펴내며** |

 대학원 시절 고전문학에 관해 공부하며 『조선조 시문집 序跋의 연구』라는 책을 공부할 때 마음 깊이 공명한 적이 있었다. 서문과 발문이야말로 작품집의 정수를 담고 있다 해도 지나친 말은 아니겠거니 생각해 왔다. 시를 쓰고 공부하면서 적지 않은 시집을 읽었다. 〈시인의 말〉 혹은 〈자서〉를 읽으며 지난날 서발문을 공부하면서 느꼈던 감흥을 다시 되새겨 보게 되었다. 한 권 시집의 정수가 〈시인의 말〉 혹은 〈자서〉에 고스란히 담겨 있음을 확인할 때 어떤 전율 같은 것을 느꼈다. 잡지를 옮겨가며 연재하다 그치기를 여러 번 했지만 글을 쓰는 내내 즐거웠고 한편으로는 쓸쓸했다. 빛나는 〈시인의 말〉이 시로 형상화되어 가는 과정을 지켜보는 것은 즐거움이었지만 너무 잘 알고 있는 분들의 부재는 어떤 쓸쓸함을 불러왔다는 말이 옳을 것이다. 앞서 말했듯이 잡지를 옮겨가며 글을 쓰다 보니 글의 분량에 차이가 있었다. 그래도 핵심은 비껴가지 않았다는 생각에 그대로 책으로 묶게 되었다. 많은 기억의 오류가 있을 터이다. 이해해 주시리라 믿고 부끄러운 글을 세상에 내놓는다.

진위천변 우대식

|차 례|

책을 펴내며 _ 5

김종삼 시집 _ 10
- 『북 치는 소년』(민음사, 1979)

정진규 시집 _ 17
- 『껍질』(세계사, 2007)

윤상규 시집 _ 26
- 『명궁』(문학과 지성사, 1977)

서정춘 시집 _ 33
- 『이슬에 사무치다』(글상걸상, 2016)

오규원 시집 _ 38
- 『가끔은 주목받는 生이고 싶다』(문학과 지성사, 1991)

조창환 시집 _ 51
- 『빈 집을 지키며』(심상사, 1980)

신현정 시집 _ 62
- 『바보사막』(랜덤하우스, 2008)

이명수 시집 _ 69
  - 『카뮈에게』(시로 여는 세상, 2019)

이상국 시집 _ 80
  - 『뿔을 적시며』(창비, 2012)

이성복 시집 _ 88
  - 『뒹구는 돌은 언제 잠을 깨는가』(문학과 지성사, 1980)

박남철 시집 _ 97
  - 『반시대적 고찰』(세계사, 1999)

고재종 시집 _ 108
  - 『사람의 등불』(실천문학사, 1993)

김영승 시집 _ 118
  - 『무소유보다도 찬란한 극빈』(나남, 2001)

함민복 시집 _ 125
  - 『모든 경계에는 꽃이 핀다』(창비, 1996)

박용하 시집 _ 136
- 『바다로 가는 서른세 번째 길』(문학과 지성사, 1995)

정병근 시집 _ 141
- 『오래전에 죽은 적이 있다』(천년의 시작, 2002)

전윤호 시집 _ 146
- 『늦은 인사』(실천문학사, 2013)

이화은 시집 _ 153
- 『미간』(문학수첩, 2013)

백인덕 시집 _ 165
- 『끝을 찾아서』(하늘연못, 2001)

박완호 시집 _ 175
- 『물의 낯에 지문을 새기다』(서정시학, 2011)

이대흠 시집 _ 186
- 『귀가 서럽다』(창비, 2010)

조양래 시집 _ 197
  -『제비꽃』(시평사, 2007)

유승도 시집 _ 209
  -『천만년이 내린다』(푸른사상사, 2015)

유종인 시집 _ 216
  -『양철지붕을 사야겠다』(시인동네, 2015)

김나영 시집 _ 222
  -『수작』(애지, 2010)

정용주 시집 _ 228
  -『인디언의 女子』(실천문학사, 2007)

고영민 시집 _ 239
  -『봄의 정치』(창비, 2019)

김종삼 시집
- 『북 치는 소년』(민음사, 1979)

⟨시작 노우트⟩

 담배 붙이고 난 성냥개비불이 꺼지지 않는다 불어도 흔들어도 꺼지지 않는다 손가락에서 떨어지지도 않는다.
 새벽이 되어서 꺼졌다.
 이 시각時刻까지 무엇을 하며 살아왔느냐다 무엇 하나 변변히 한 것도 없다.
 오늘은 찾아가 보리라
 사해死海로 향한

아담교橋를 지나

거기서 몇 줄의 글을 감지하리라

요연杳然한 유카리나무 하나.

   김종삼 시인의 〈시작 노우트〉는 엄밀히 따지면 〈시인의 말〉 혹은 〈자서〉와는 거리가 멀다. 잡지에 발표한 시다. 그러나 민음사에서 출간한 김종삼의 시선집 『북 치는 소년』에 우연찮게 맨 마지막에 배치되어 있어서 정확한 사정을 모르는 경우라면 마치 〈시인의 말〉처럼 읽힌다. 나도 눈을 질끈 감고 〈시인의 말〉로 읽기로 한다. 고마운 우연이다.

   시집의 표지에는 김종삼 시인의 시 「여름성경학교」가 육필로 실려 있다. 비대칭의 형상, 날카로운 삐침, 마치 돌에 새긴 전각 같은 서늘함 그러나 다시 보면 대교약졸의 문체로 보이기도 한다. 어떠한 타협도 없다. 문자의 형상 속에서 한번 가기로 한 방향으로 획을 긋고야 마는, 그 외에는 어떠한 기교도 없는 절제를 느낄 수 있다. 김종삼 시인의 시와 얼굴을 생각할 때마다 본 적이 없는 레바논 골짜기 비밀스러운 수도원의 사제를 연상하곤 한다. 세상을 긍휼히 여기면서 한없이 긍

흉히 여기면서 기도를 끝내고 소주를 마시는 사제.

〈시작 노우트〉의 첫 행은 심각한 지경에 놓인 시적 화자의 상태가 암시되어 있다. 꺼지지도 않고 손에서도 떨어지지 않는 성냥불. 이는 자신의 의지로는 무엇도 결정할 수 없는 심리상태를 그대로 보여준다. 시인의 입장에서 새벽까지 스스로도 어찌할 수 없는 심리상태는 곧 시적 아우라의 혼돈을 의미한다. 정리되지 않은 채 영혼을 흔드는 언어들을 붙잡고 '그만하면 되었나'를 수없이 되뇌다가 새벽녘 그 불이 다했을 때 시의 나라에서 퇴근한다. 손에 쥔 것이 한 편의 시라면 근무를 잘한 것이고, 조사助辭라도 몇 개를 넣고 뺏으면 그나마 괜찮은 것이고, 혼돈 속에서 헤매다 더한 혼돈으로 마쳤다면 허탕을 친 것이리라. 김종삼 시인은 그러한 시의 나라에서 퇴근하며 자신에게 되묻는다. "이 시각時刻까지 무엇을 하며 살아왔느냐. 무엇 하나 변변히 한 것도 없다."라는 성찰적 고백이 그것이다. 이 고백은 어쩌면 김종삼 시인의 시를 전체적으로 설명해 주는 하나의 단서가 될 수 있을 것이다. 도저한 미학주의자이면서도 가난과 그늘에 스스로 거처하며 그 거처에서 만난 이들에게 보낸 무한한 사랑과 연민의 출처를 이 성찰적 고백에서 만날 수 있기 때문이다. 이 성찰적 고백은 형이상학적이면서 동시에 현실적인 문제의식을 내포하고 있다. 아래 시는 이러한 문제의식에 기반하고 있다.

    희미한

    풍금風琴 소리가

    툭 툭 끊어지고

    있었다

    그동안 무엇을 하였느냐는 물음에 대해

    다름 아닌 인간人間을 찾아다니며 물 몇 통桶 길어다 준 일 밖에 없다고

    머나먼 광야廣野의 한복판 얕은

    하늘 밑으로

    영롱한 날빛으로

    하여금 따우에선

                            - 「물통桶」 전문

"그동안 무엇을 하였느냐는 물음"은 근원적인 자기 정체성에 대한 스스로의 질의다. "인간人間을 찾아다니며 물 몇 통桶 길

어다 준 일"이 그 답이다. "물 몇 통桶"이 가지는 의미는 거의 시의 효용성이 무엇이냐는 물음과 동궤를 이루고 있다. 많은 시인이 시의 효용성에 대해 답해왔지만 그 가운데 "물 몇 통桶"이야말로 형이상학과 현실을 아우르는 탁발한 비유가 아닐까 생각해 보는 것이다. 그가 찾아다닌 인간은 대체적으로 약자들이었으며 변방의 존재들이었다는 것은 그의 시에 잘 나타나 있다. 거지장님 어버이를 끌고 밥집 문턱에 선 거지소녀였으며(「장편掌篇 2」), 사망선고를 받은 남편의 산소호흡기를 떼어서는 안 된다는 가난한 여인(「앞날을 향하여」)이었으며, 저물녘 소와 함께하는 할머니(「묵화墨畵」)였다. 그가 찾은 예술가들은 이미 세상에 없는 인간들이었다. 김소월, 나도향, 김수영, 전봉건, 김관식, 이중섭, 한하운 등. "물 몇 통桶"의 의미를 오늘날 많이 쓰는 '위안'이라는 말로 손쉽게 바꿀 수 없다. 그것은 김종삼 시인의 많은 시가 너무 많은 죽음을 껴안고 있기 때문이다.

특히 김종삼 시인과 화가 이중섭 같은 예술가들의 공통분모는 한국예술사에서 규명해야 할 정치한 문제에 해당한다. 월남한 예술가들은 대체적으로 대단히 민감한 감수성을 지니고 있었으며 현실의 그악스러움에 제대로 적응하지 못했고 자신의 예술 외의 나머지 문제는 파탄으로 이끌어가는 면모를 보여주었다. 전봉래 시인의 자살은 그 극명한 한 예에 불과하다. 죽을 때까지 가난으로 내몰렸던 화가 이중섭과 사글세를 전전했던 김종삼 시인은 동일한 현실에서 초월적인 꿈을 꾸며 살았던 예술가들이었다.

김종삼 시인의 시가 기독교적 세계관을 바탕으로 한다는 이야기에는 선뜻 동의할 수 없지만 언어적 측면에서 기독교의 깊은 영향을 받았다는 것은 의심할 여지가 없다. 사해死海나 아담교橋 모두 기독교적 상상력이 깊게 배인 어휘들이다. 심지어 그는 「고향」이라는 시에서 "예수는 어떻게 살아갔으며/어떻게 죽었을까/죽을 때엔 뭐라고 하였을까"라고 독백처럼 묻고 있다. 그러나 김종삼 시인의 실존적 내면은 종교적 내면과는 거리가 있는 것이었다. 분명한 것은 생명 혹은 죽음과 같이 근원적인 것에 대한 갈망이 김종삼의 내면적 무늬였다는 것이다. 3차원의 공간에 실존했던 그 무늬들은 어떠한 사소한 흔들림에도 섬세하게 반응하였으며, 그 예민한 떨림은 그로 하여금 지상에서의 삶에 집중할 수 없게 하였던 것이다.

김종삼 시인은 "사해死海"와 같은 의미로 쓰이는 소금바다를 한 편의 시로 쓴 바가 있다. "아무것도 아무도 물기도 없는/소금 바다/주검의 갈림길도 없다."(「소금바다」 부분). 물기도 없이 염장된 채 하얗게 말라서 주검이랄 것도 없는 상태를 김종삼 시인의 시가 지향했던 것은 아닐까. 혹 죄지은 태초의 아담이 자신의 육신과 죄를 한없이 부끄러워하는 초상에서 지상에서 살아가는 자신의 삶을 본 것은 아닐까. 김종삼은 자신의 시의 저류를 모래바람 부는 그곳에서 찾고 싶어 했다.

"유카리나무"라는 소재는 김춘수 시인과 김종삼 시인의 근친적 상상력을 보여준다. 김춘수 시인이 갈릴리호숫가 유카리나무 그늘 아래서 나귀를 타고 예루살렘으로 가는 사람들을 바라볼 때 김종삼 시인은 사해死海의 유카리나무 밑에서 아담을 상상했던 것이다. 어쩌면 백석 시인의 갈매나무와 같은 정신의 표상이 김종삼 시인에게는 유카리나무가 아니었는지 생각해 본다. 맑고 푸른 하늘 아래 높게 솟은 나무는 지상에서 가장 우러러볼 만한 사물은 아니었는지.

만년 그의 알코올 중독은 「시인학교」에서 그가 호명한 "상놈의 새끼들이라고 소리"지르며 막걸리를 마시던 김관식 시인의 그것과는 다르다. G. 마이나로의 끝없는 침잠이었으며 "가슴 에이는 머저리가"(「산」 부분) 되어 선한 눈으로 세상을 보는 일이었다. 그는 외부로 펼쳐진 종횡의 역동과는 거리가 먼 자아라는 우주로의 귀환을 꿈꾸었고 그러기 위해 술을 마셨다. 그럴 때 보이던 아득하고 먼 유카리나무 하나, 그 내용 없는 아름다움.

정진규 시집
- 『껍질』(세계사, 2007)

〈시인의 말〉

 종심지년從心之年을 한 해 앞두고 내는 시집이어서 조심스러우면서도 감회가 남다르지 않을 수 없다. 과연 종심從心으로 내 시와 삶이 마음먹은 바대로 어긋남이 없을 것인가.
 다만 연기본성緣起本性의 생명율生命律을 근간 들숨 날숨으로 몸짓하고 있어 부끄러운 대로 자유롭다. 여기 묶는 시편들을 쓰는 동안 내 정신의 운용과 쓰기의 운필이 그러하였다고 감히 느낀다.

정해丁亥 중려中呂

정진규鄭鎭圭 삼가

　이 시집이 나온 뒤 십 년 만에 정진규 시인은 불귀의 객이 되셨다. "어서 들어. 한 잔씩들 더 혀." 저 경기도 중부의 묘한 억양으로 술을 권하던 노장의 음성이 아직 귀에 쟁쟁하다. 시에 대한 열망과 욕망은 젊은 어떤 시인과 견주어도 뒤지지 않았으며, 그만큼 시의 육신(몸)을 단련하는 데 전부를 던진 시인이기도 하다. 사물과 자별한 관계를 늘 뽐내셨기에 시인의 집에 들르면 나무 하나 화초 한 포기 혹은 오래된 전적 한 권까지 눈여겨보지 않을 수 없었으며, 영락없이 그것들은 시 어느 구절에 묘하게 자리 잡고 있었다. 심지어는 광 속의 삽 한 자루까지도 그의 열렬한 애인이었음을 잘 알고 있다.

　〈시인의 말〉첫 구절에서 종심소욕 불유거從心所慾 不踰矩를 끌어와 짐짓 한 생애로서 종심지년從心之年을 말하고 있으나 그렇게만 보면 싱겁기 짝이 없다. 노회한 시인들의 말은 겹안의 시선을 띠고 있기에 시인이 가리키는 한쪽만 바라볼 경우 대개 그 뜻을 놓치기 십상이다. 시인이 말하는 종심지년從心之年이란 시의 운용과 필연의 관계를 맺고 있을 터이다. 그러나 마음 가는 대로 해도 법에 어긋나지 않는다는 종심지년從心之年의 의미를 시에 견주었을 때 시인의 뜻을 어림짐작할 수 있을지언정 구체적인 언어로 설명하기가 쉽지만은 않다.

이전 시집 『알시詩』 자서에서 문제의 실마리를 찾을 수 있다. '무봉無縫'이라는 어휘가 그것이다. 봉합의 흔적이 없는 절대 순수의 상태가 시인이 지향했던 '무봉無縫'이라면 종심지년從心之年의 시적 지향도 여기에 끈을 대고 있을 터였다. '무봉無縫'이나 종심지년從心之年 모두 형식적으로 온전한 상태를 의미하고 있다. '무봉無縫'이 갓 태어난 상태의 그것이라면 종심지년從心之年은 켜켜이 살아온 내력의 내파로 이루어진 온전함이다. 내용적으로는 '무봉無縫'이나 종심지년從心之年 모두 생명과 관련이 있다. '내 시와 삶이 마음먹은 바대로 어긋남이 없을 것인가' 하는 고민도 생명 혹은 살림에 어긋남이 없는가 하는 물음과 동궤를 이루고 있다. 그러니 전날 시인이 율려律呂를 노래한 것도 같은 이치에서 파생된 바 크다. 만물이 살아 움직이도록 양陽의 운동을 하게 하는 힘의 근원이 율律이고, 휴식하여 생명의 수렴 운동을 하게 하는 것이 려呂인데 이는 생명의 흐름 혹은 움직임으로써의 동정動靜을 뜻한다. 시인이 산문시를 쓰면서도 운율을 냄에 있어서 한 치의 저어함이 없었던 이유도 여기에 있다. 생명의 자연스러운 이치와 동행하면서도 우리의 관습적 사고가 못 박힌 지점에서 슬쩍 못대가리를 치켜올리고 그 역행으로서

조화를 맞추는 쫀쫀한 자유를 그의 시에서 만나게 되는 것도 이와 같은 이치라고 나는 믿어왔다.

새지 않으면 소리가 되지 않는다 음악이 되지 않는다 노래가 되지 않는다 구멍으로 새어야 소리가 된다 막히면 끝장이다 한 소식도 들을 수 없다 새는 게 상책上策이다 새지 않으면 사랑도 되지 않는다 몸을 만들지 못한다 새끼를 만들지도 못한다 막히면 끝장이다 새는 게 상책上策이다 달도 뜨지 않는 그런 여자 하나가 바다가 출렁대지도 않는 그런 여자 하나가 오지도 않는 보름사리 때를 부르며 슬피 울고 간다 새는 게 상책이다

- 「새는 게 상책上策이다」 전문

이 시를 읽으며 '무봉無縫'의 참된 속뜻을 다시 한번 생각하게 되었다. 인위적 봉합이나 흔적 없이 온전한 상태란 자연스러움을 받아들이는 참된 용기에서 비롯된다는 사실이 그것이다. 샌다는 것은 낡음의 그것과도 맥락이 통한다는 점에서 종심지년從心之年에 마땅한 삶과 시의 운용을 이 시에서 만나게 된다. 새지 않으면 "새끼를 만들지도 못한다"라는 탁발한 발화에서 허술한 듯한 세상의 원리가 꼬물거리는 생명으로 거듭나고 있

음을 보게 된다. 다른 시에서도 그는 이렇게 말하고 있다. "내가 새고 있다 집이 새고 있다 그게 몸이다"(「장마」 부분). 시인이 종심지년從心之年의 무거운 뜻을 들고 나온 이유도 새는 것을 저렇듯 바라보는 시선과 깊은 관련이 있으리라 생각한다. 어쩌면 꼼꼼히 챙기던 그의 시와 시론도 새기 위한 한 방책이었음을 뒤늦게 알게 되었다. 범속한 눈이란 이처럼 이미 지난 것들을 겨우 볼 수 있을 뿐이다.

'연기본성緣起本性'이라는 불교적 언어도 현세와 내세의 인연과 같은 의미로 썼다기보다는 살아있는 존재의 실상을 시라는 이름으로 만나게 되는 운명과 같은 의미로 쓰고 있다. 개인적으로 종종 시인의 시에서 만나게 되는 "예감"이라는 시어를 통해 연기본성이 실현되고 있음을 본다. 사실 이 예감이라는 시어는 강력한 의식의 자장磁場 속에 역동하는 지향의 의지와 관련이 있다. 다른 말로 하면 어떠한 인연도 그냥 오지는 않는다는 것이다. "예감"과 동반하는 또 다른 시어는 "수상"이다. 수상하게 여기는 것과 예감 사이의 거리가 정진규 시인에게는 시를 향해 나가는 육박의 거리이다. 사물의 기미에 대해 수상히 여길 때 예감이 찾아온다. 이는 의식의 갱신이라는 지난한 작업을 동반한다. 긴장이 떨어지면 수상히 여김도 예감도 있을 수 없다. 연기본성緣起本性을 향한 혈육적 지향이야말로 모든 사물과 현상을 수상히 여기게 하는 동력이 된다. "요즈음엔 자주 절대 예감 같은 게 찾아온다"(「이번 봄」 부분)는 고백은 기실 어떤 조짐을 수상히 여긴 결과물이다. "수상했다 운문사 가는 길, 길가에서 씨 없는 감을 세 개째 그리고 덤까지 하나 더 사 먹으면서 씨가 없이 씨가 보존되다니! 이건 신격神格이다 나의 감탄사가 소나기로 일어섰다"(「청도가 수상하다」 부분)에서와 같이 끝없이 사물을 의심함으로써 생의 비의에 도달하는 모습을 볼 수 있다. 그러니 한결같이 편안해 보이는 산문체의 시편들이 어떠한 악전고투 속에서 나왔는지 알 법하지 않은가? 또한 펼침과 감춤이라는 방법론을 통해 설화적 상상력을 한껏 펼치다가 다시 옥죄는 아슬아슬한 줄타기를 보여준다. "무엇이 오리라는 예감에 휩잡히는 날들이 날로 늘어나고 있지만 온 것은 없다 다만 이런 일은 있었다"(「비극에 대하여」 부분)에서처럼 시적 전조를 감추고 드러내는 탁월한 시적 운용은 시의 내밀성을 한껏 고양시키고 있다.

  왜 네게선 그런 냄새가 나느냐 비 맞고 저승길 다녀온 새들의 살내다 떼로 밀린다 진동한다 비린내라면 비린내요 저승내라면 저승내다 나 살아 거기 드나들 수 있으니 경계가 없어 좋다! 이 또한 복福이지 않겠느냐 왕생往生이다! 죽어 이승내

맡을 수 있겠느냐 너에게 묻는다

- 「어성초에게」 전문

　이승에서 저승의 냄새 맡기 혹은 바꾸어 저승에서 이승의 냄새 맡기는 가히 초월적인 시적 인식을 보여준다. 시인이 말하는 연기緣起는 단순히 시인과 시의 일대일의 관계를 말하는 것이 아니다. 시인과 사물의 연기緣起, 시와 시의 연기緣起, 이렇게 보면 삶이 다 연기緣起이겠으나 그것을 시적 필연으로 이끌어내고자 하는 필사의 몸부림이 시인이 추구하는 연기緣起일 터이다. 위 시도 저승 드나들기라는 측면에서 다른 시들과 연기적 관계에 놓여 있다. 위 시집에 실려 있는 「자단목紫檀木」, 「뻘」과 같은 시와 일맥상통하는 측면이 있다. 시가 시를 불러냈다는 점에서 시와 시의 연기緣起라 할 수 있다. 어성초에서 나는 냄새를 시인은 새들의 "살내"라고 생각한다. 티벳의 조장鳥葬에서 떠올린 이승과 저승을 넘나드는 상징으로서의 새는 이승과 저승의 경계가 없는 존재이다. "왕생往生"의 지극한 이치를 한 포기 풀에서 예리하게 건져 올리고 있다. 그리고 묻는다. "죽어 이승내 맡을 수 있겠느냐 너에게 묻는다". 이 시 구절은 종심지년從心之年의 노장으로서 그가 끝내 기댔던 '사물들의 큰언니'에게 묻는 애정 깊은 질문이다. 아마도 죽어 이승의 냄새를 맡는다면 시인은 저승에서도 시를 쓸 것이다. 그것이 그에게는 필연의 시의 연기緣起일 터이기 때문이다.

'부끄러운 대로 자유롭다'는 시인의 말은 한 치의 거짓도 없어 보인다. 종심지년從心之年과 연기緣起라고 하는 동양철학의 커다란 밑바탕을 깔아 두었으니 부끄러웠을 것이며 또한 살아가며 터득한 이치와 시의 운용이 경지에 이르렀으니 자유로웠을 것이다. 그래도 이런 시들은 어쩐지 가슴을 서늘하게 한다. 그리고 하나하나 따질 필요 없이 미안한 마음도 든다. "나는 언제나 시작이 아프다 열림이 나를 가둔다 새벽에 나는 혼자 있지 못한다 참을 수 없다 기댈 곳 없다"(「새벽감옥」 부분). 무소뿔처럼 홀로 가는 새벽길에 기댈 곳 없는 시인의 영혼께 따뜻한 술을 한 잔 드리고 싶다.

작년 가을 시인의 장지에 갔다 온 후 어느 글에서 나는 이렇게 썼다. "무슨 말을 써야 하나? 발인 날의 풍경을 써달라는데 그 풍경이란 탈관의 저 시신을 보듯 난망하고 을씨년스러운 것. 아무도 없는 보체리 유거幽居 빈 뜨락에 아침 일찍 도착하고 보니 그저 낙낙한 가을 한 철이 놀고 있었다. "대식아 한잔 해라." 인사동 골목 어귀에서 자꾸 술을 권하던 선생의 얼굴이 떠오른다. 선생의 부음을 듣고 회자정리니 그럴 법도 하겠다는 생각도 들었을 터인데 어쩐지 사실이 아니라는 생각이 앞

섰다. 저 복안의 산문 문체 속에 숨은 노회하고도 생기발랄한 선생의 자유분방이 이 세계로부터 쑥 멀어졌다고 생각하니 필설난기밖에 다른 도리가 없었다."

아아, 시인은 갔다. 저승으로 방랑을 떠났다. 그곳에서 이승의 내음을 맡을 것이다. 이러고 보니 전날 썼던 내 졸시도 시인의 글과 어떤 연기緣起가 있을 법도 하다.

괴로움이 나의 학교였으며 배움이었다. 내 일체가 여기에서 나왔으므로 마땅히 저에게 감사感謝해야 할 일이나 그 또한 마땅히 그러한 일이므로 크게 머리 숙일 필요도 없다. 괴로움이여, 한여름 땡볕 아래 앉아 황홀한 지옥을 생각한다. 그곳에도 봄이 있고 더러 가을도 있는지, 후미진 골목에 괴로운 영혼들이 모여 앉아 술잔을 칠 주막은 있는지, 말미를 얻어 다른 지옥으로 방랑을 떠날 수 있는지, 여자女子는 있는지…… 괴로움에서 나왔으므로 괴로움으로 돌아갈 터이지만 나로 인해 괴로워하고 또 괴로워할 진짜 어머니가 그곳에는 계시는지 궁금하다. "괴로움은 나의 학교"로 시작하는 교가를 부르다가 문득 뒤를 돌아보면 지상의 모든 얼굴이 환하게 슬퍼진다.

- 졸시 「학교」 전문

윤상규 시집
- 『명궁』(문학과 지성사, 1977)

〈자서自序〉

 버릴 것은 버리고 손댈 곳은 다시 손을 대어 묶어보았다. 내가 여기서 보여주고 있는 이상의 것을 결코 나는 한 바 없기 때문에, 가부간可否間에 이는 내 한 시대時代의 증언證言이다. 어느 행간行間에 내가 하고 싶었던 말이 스며 있는지 따져 보면 아득하기만 할 뿐이지만, 지난 세월歲月의 나는 여기 보는 바와 같이 관적觀的 세계世界에서 스스로 다스려 왔으며, 이를 통해 세상을 바라보는 틀을 이루어 온 것이 사실이다.

   첫 시집詩集으로 지난 십 년을 마감하면서, 나는 내가 왜 시詩를 쓰는 것이지 모를 상황에 이른 것을 슬퍼한다. 다만 고백하건대, 시詩를 시작할 무렵의 나는 고독孤獨함으로 짓눌려 있었으나 지금의 나는 무서움으로 짓눌려 있다. 사물事物의 무서움.

   큰 비상飛翔을 스스로 기다려본다.

- 윤상규

  이 시집은 내 머리맡에 가장 오래 놓여 있는 시집이다. 이 시집이 내 손에 들어온 지가 30년이 훨씬 넘었다. 그럼에도 불구하고 여전히 부채의식을 가지고 머리맡에 놓고 있다는 사실은 스스로가 생각해도 기이하다. 단지 이해나 취향의 문제가 아니라는 사실이다. 이해할 수 없었던 시집이 어찌 한두 권이었겠는가? 그냥 포기하고 던져두면 그뿐일 터이지만 유독 이 시집은 그렇게 하지 못했다. 시간이 지나면서 그런 이유를 스스로 얼마간은 알게 되었다. 정서와 관념의 에로틱한 결합이 이 시집에는 있었던 것이다. 어떠한 정서나 정조도 관념 앞에서는 한없이 약해지는 법이다. 정결한 서정 시인이 관념의 시로 선회한 경우를 볼 때 영혼의 흔들림 같은 것을 느끼곤 한다.

무엇보다 자신의 시를 '내 한 시대의 증언'이라는 규정은 무섭기도 하고 부럽기도 하다. 시대라는 말을 나는 늘 현실 혹은 역사라는 말과 관련지어 생각해왔다. 내가 얼마나 시를, 세상을 즉자적으로 읽었는지를 반증하는 것이리라. 누구나 자신의 시대를 사는 것이라는 사실을 알기까지 참 오랜 시간이 걸렸다. 시인이 자신의 시론을 쓴 경우를 여럿 보았으나 이렇듯 분명히 '관적 세계'라고 밝힌 경우도 드물고, 더욱이 당당하게 쓰인 그 말의 뜻을 쉽게 알기도 어렵다는데 이르면 조금은 당혹스럽다. 짐작건대 구체적인 경험의 세계로부터 시를 구조하는 것이 아니라 사물에 대한 직관에서 시가 비롯된다는 것으로 어렴풋이 이해할 뿐이다.

계보학으로 따져도 그의 시를 놓을 자리는 만만치 않다. "흐린 뱀의 몸에 도색桃色의/밤그늘이 어리었다"(「봄밤」부분)는 시구를 보면 미당의 흔적을 보는 듯도 하다가 "갑자기 만발滿發한 그대의 온몸이/고도高度의 광야로 달려/차게 굳은 저 달빛을 에워싸는가"(「봄밤」부분)를 보면 그렇지도 않다. 굳이 대자면 이육사에 가깝다. 그러나 그것도 그뿐. "지붕 위에 밤의 거만倨慢한/맘모스가 와 덮는다"(「짐승 같은 사랑」부분)에 이르면 윤상규는 그 스스로가 있을 뿐이다.

그에게서 풍기는 시인으로서의 품격은 다음과 같은 구절에서 만날 수 있다. "떡갈나무의 질긴 잎사귀들/지옥地獄으로 날리는 해거름이면/등에 멘 검劍은 어디다 놓으리"(「검객劍客」 부분). 검객으로서 고단한 삶, 검 한 자루 내려놓을 곳 없는 이 지상이 그에게 어떤 의미였는지 막막하기만 할 뿐이다. "검劍 놓을 곳도 그 향기의/골짜기 밑/아무도 모를 무서운 사랑 밑"(「검객劍客」 부분). 이 무서운 사랑을 찾아가는 길이 검객으로서 길이었으며 시인으로서의 길이었으리라. 아무도 모를 무서운 사랑 밑에 놓인 한 자루 검.

> 이 거먕빛 사랑의 바다
>
> 아무도 갈 수 없도다
>
> 죽부竹部로도 포부匏部로도 어떤 部의 소리로도
>
> 가 볼 수 없도다
>
> 오직 없는 것을 밝히려는 내
>
> 갓 피어난 꽃 몸짓
>
> 죽음을 하늘하늘 얕은 하늘에 나부끼며
>
> 홀로 있을 뿐
>
> 갈 수 없는 곳에 가기 위하여
>
> 이제 잊어야 하리로다
>
> 붉은 입술을 바위에 비벼

    캄캄히 바위 속에 잊으리로다

- 「사랑의 바닥」 전문

 "아무도 갈 수 없도다"라는 저 통탄의 회고에 검객으로서의 그의 고뇌가 숨어 있다. 사랑의 바닥은 거먕빛이다. 아주 짙게 검붉은 빛이 거먕빛이다. 그에게 어울린다. 어떤 악기의 소리로도 도달할 수 없는 지경은 도대체 무엇인가. "오직"이라는 부사가 한쪽에서 빛난다. "없는 것" 외에는 그 무엇으로도 대신할 수 없는, 즉 철저히 "없는 것"을 밝히려는 몸짓이 그에게는 관적 세계에서 스스로 다스려 얻은 시의 흔적이다. 왜 있는 것이 아니라 없는 것이어야 하는가? 그것은 홀로 존재하는 죽음과 맞닿은 세계이기 때문이다. 왜 이것이 사랑인가? 모든 것을 다 잊어야 도달하기 때문이다. 바위 속에 잊혀져 영원을 견뎌내야 한다는 점에서 사랑은 아주 짙게 검붉은 빛이다. 이렇게 읽고 보니 "아무도"라는 말이 가슴에 또 남는다. 아무도 모르고 아무도 갈 수 없는 세계로의 욕망은 위험하다.

 〈자서〉에서 '나는 내가 왜 시를 쓰는 것인지 모를 상황에 이른 것을 슬퍼한다'라고 그는 고백하고 있다. 그가 스스로 이룩한 세상을 바라보는 틀은 어쩌면 너무 외로 된 것이어서 어쩌면 그 자신도 괴로운 것은 아니었나 생각해 보게 된다. 짧은 한 편의 시는 그러한 저간을 짐작게 한다.

> 그대는 숙맥菽麥이야
>
> 몸속에 제 관을 넣고
>
> 걸어가는
>
> 밤의, 내
>
> 길고 어두운 울음이야
>
> - 「숙맥」 전문

　독백에 가까운 이 시 구절은 내팽개쳐진 실존적 존재로서 자신을 보여준다. 끔찍한 거울을 들고 바라보아야 하는 운명이 그에게는 시의 길이었다. '시를 시작할 무렵의 나는 고독함으로 짓눌려 있었으나 지금의 나는 무서움으로 짓눌려 있다'는 자기고백은 결연한 자기 검열의 흔적이다. 더욱이 그 무서움의 근원이 '사물에의 무서움'이라고 적시되었을 때 시를 쓰는 한 사람으로서 깊은 신음을 토할 수밖에 없었다. '관적 세계를 통해서 바라본 사물에의 무서움'이 이 시집 자서의 요체일 터이다. 이때 사물이란 질료의 물질성이라기보다는 각자의 본질이라는 보다 근원적 성격을 지니고 있다. 그러나 시는 막 바로 철학이 아니며 근원 그 너머의 문제 제기일 뿐이다. 시가 어려운 국면은 복잡 현란한 수사 때문이 아니라 바로 이 지점에서 비롯되기 때문이다. 그렇다면 시는 추상의 무엇인가. 아니다. 다음 시 구절은 그가 탐구한 사물이 무엇인지 명료하게 보여주고 있다.

> 이 삶을 기다릴 동안,
>
> 나는 오직 바라만 보리
>
> 나를 죄짓게 하고
>
> 저 이랑 사이로 달려간 무리들
>
> 새들, 바람들, 햇빛들,
>
> 이마에 엉글어간 땀방울들…
>
>   - 「봄의 들녘에서」 부분

뒷날 윤상규 시인은 소설가 윤후명으로 잘 알려져 있다. 고독과 무서움에 몸을 떨었을 한 시인의 몸짓이 빚어내는 파장이 여전히 먼 음파가 되어 떠돌고 있다.

서정춘 시집
- 『이슬에 사무치다』(글상걸상, 2016)

〈시인의 말〉

아하, 나는 시간보다 재능이 모자라 더 짧게는 못 썼소.

풍경 1)

　오래전의 일이다. 시인들이 함께 1박 2일 일정으로 남도 지방 어딘가를 갔을 때 일이다. 사오십 명의 시인들이 모였으니 그날 밤의 술자리 풍경이야 상상하고도 남음이 있을 터였다.

다음 날 아침 취한 사람은 취한 대로 아침 식사를 위해 식탁에 둘러앉았을 때 아직 술이 덜 깬 젊은 시인 한 사람이 서정춘 시인에게 다가갔다. 그리고 따지듯 물었다.

"선생님 시를 왜 그렇게 쓰십니까."

일순 긴장이 흘렀다. 서정춘 선생님도 이게 무슨 소린가 날카로운 눈매가 순간 번쩍였다. 늘 사람 좋은 웃음으로 맞아 주시던 때와는 전혀 다른 표정. 그럴 때 아직 취기가 덜 깬 젊은 시인은 다시 말을 이었다.

"왜 시를 쓰다 마세요."

빤히 쳐다보던 서정춘 시인께서는 한참을 큰 소리로 웃었다. 옆에 있던 나도 아직 술이 덜 깬 채 듣고 있다가 키득키득 웃지 않을 수 없었다.

"알았느니라. 밥이나 묵어라."

묻는 젊은 시인도 그에 답하는 노 시인도 듣고 있던 나 같은 문단 말석도 무슨 뜻인지 다 알고 있었던 것이다. 짧은 시에 저 깊고 농염한 정서를 담아내는 시인이 서정춘 시인 말고 누가 또 있겠는가? 앞다투어 삼사 년 만에 한 권씩의 시집을 펴내며 혹시 문단으로부터 잊혀질까 애걸복걸하는 인사들과는 그 격이 다르다. 1968년 등단, 1996년 첫 시집 「죽편」, 35편.

> 여기서부터, -- 멀다
>
> 칸칸마다 밤이 깊은
>
> 푸른 기차를 타고
>
> 대꽃이 피는 마을까지
>
> 백 년이 걸린다
>
> - 「죽편竹篇 1」 전문

 여행이라는 부제를 단 저 한 편의 시는 다섯 행에 불과함에도 우리의 마음을 한없이 젖게 했다. 다시 읽어보아도 좋다. 특히 '푸른 기차'를 타고 간다는 그 구절이 무엇보다 좋았다. 설령 이 지상에서의 삶이 조금은 남루하다 할지라도 푸른 기차를 타고 간다는 저 개결함 앞에 머리를 숙인다. 백 년이 걸리는 여행, 그러면 우리는 대꽃 피는 마을에 도착할 것이다. 그곳에서 만나면 우리는 다시 손을 잡고 반가워하리.

풍경 2)

11월 말의 광화문. 대통령 하야의 국민적 요구가 절정에 달할 때였다. 을지로 입구부터 걸어서 시청을 지나 교보 앞까지 오는 데 1시간 이상이 걸릴 정도로 시위대 인파가 넘실댔다. 교보 근처에 자리를 잡고 앉아서 농성을 하고 있을 때 백팩을 멘 노인 한 분이 광화문 쪽을 하염없이 바라보고 계셨다. 자세히 보니 서정춘 선생님이셨다. 나는 냉큼 일어나 선생님의 손을 붙잡았다. 우리는 자리를 잡고 앉아서 많은 이야기를 나누었다. 노 시인의 입에서 나라 걱정이 흘러나왔다. 눈물이 핑 돌았다. 선생님께서는 가방을 벗어 커피와 사과 등 먹거리를 내놓으셨다.

"준비 많이 하셨네요."
"그래 사람들이 많을 것 같아서 준비를 좀 했네. 자네들은 꼭 좋은 세상에서 살아야 할 텐데."
"예 그래야지요. 건강은 어떠세요."
"무릎이 좀 속을 썩이네. 참 그리고 자네도 시 열심히 쓰게."

그렇게 어두워지고 함성이 절정에 달할 때 같이 합세한 박완호 시인과 함께 선생님을 모시고 광화문을 빠져나와 종로

3가 즈음에 자리를 잡고 식사를 대접해 드렸다. 막걸리 딱 한 잔만 드시겠다며 천천히 잔을 드시는 모습.

촌철살인寸鐵殺人, 한 치의 칼이면 족하겠지만 재능이 더한다면 반 치 혹은 반촌철半寸鐵로 세상을 베고 싶다는 욕망을 시인의 말에서 읽을 수 있다. 말이여, 글이여 어찌 길다고 그 의미가 다했다고 하겠는가?

> 벼稻과의
>
> 풀이
>
> 나무가 되기까지
>
> 살아온 날까지
>
> 살아갈 높이의
>
> 아찔함이었을.
>
> - 「대나무 1」 전문

이번 시집에서 고른 이 한 편의 시. 벼가 대나무가 되기까지는 백 년은 더 가야 한다. 순수한 우리의 욕망으로서의 숫자, 백 년. 이 아찔한 높이 앞에 지나친 횡설수설은 예禮가 아니다.

오규원 시집
- 『가끔은 주목받는 生이고 싶다』(문학과 지성사, 1991)

〈자서〉

6년 만에 시집을 묶는다.
'이곳'에서

내가 지금 서 있는 이곳은 어디쯤인가. 내
가 이곳까지 왔듯 그렇게 또 이곳을 떠나리
라. 그러나 늘 떠나기는 했고, 과연 떠나고

있기는 한 것인가?

일구팔칠년 팔월 한낮에

吳圭原

　대학에 입학할 무렵, 내 또래의 많은 친구들이 겪었을 법한 팍팍한 가난에서 나도 예외는 아니었다. 국문과 입학을 앞두고 남산도서관에서 삼 개월 남짓 문학잡지와 시, 소설 따위의 책을 읽는 것으로 시간을 죽이고 학교에 들어갔을 때 교재조차 마음대로 살 수 없는 상황이었다. 4층 인문학 도서관 시집 코너에서 한 권의 시집을 빌려보며 연체에 연체를 거듭하다가 어느 날 점심을 포기하고 그 시집을 복사했다. 시집을 사는 것에 비해 비용이 한참은 저렴했을 터였다. 그 시집이 오규원 시인의 『왕자가 아닌 한 아이에게』였다. 아직 시집 서가에 내 불우의 흔적이며 동시에 사랑과 같은 감정으로 찌그러진 채 서 있다.

　시는 추상적이니 구상적은 오해 마라. 시인은 병신이니 안 병신은 오해 마라.
　지금 한국은 산문散文이다. 정치도 산문 사회도 산문 시인도 산문이다.

   산문적이기 위한 전쟁 시대, 시인들이 전쟁터로 끌려가는 모습이 보인다.

   끌려가는 시인의 빛나는 제복制服, 끌려가지 못하는

병신들만 남아 제복도 없이 아, 시를 쓴다.

- 「시인詩人들」 부분

   80년대 중반 무렵이니 대학은 늘 어지러웠고 광장 잔디밭은 매일매일이 토론의 장이었으며 술판이었던 시절이었다. 최루탄으로 범벅이 된 얼굴을 씻고 도서관에 앉아 오규원 시인의 시를 읽으면 눈이 따끔거렸다. 그리고 광장에 서 있으면서도 나는 거듭 결심하였다. 병신이 되리라. 그리하여 시를, 아, 시를….

   『가끔은 주목받는 生이고 싶다』의 첫 장을 펼치니 그 당시 한문학 공부에 매진하던 외우 최인황 군의 졸업 축하에 대한 짧은 글이 눈에 띈다. 1999년 2월 22일. 그가 내게 졸업 선물로 준 것이리라. 30년이 흘렀으니 기억도 까무룩 하나, 이동순 선생이 엮은 백석 시집도 자리를 자주 비우던 도서관 내 빈 자리에 두고 간 것도 그였다.

   이 시집 〈자서〉에서 끝내 눈을 뗄 수 없는 부분은 '이곳'이라는 단어이다. 공간이며 동시에 관념인 이곳에 대한 사랑과 혐오를 보여주는 것이 시인 구보씨 연작이다. 남산, 쇼핑센터, 다방, 시장, 개나리꽃밭, 입원실, 부두, 바닷가, 포구 등을 시인 구보는 걷는다. 아니 사고한다.

    그러니까시인도무슨짓을해야지요
    무슨짓을하긴하는데그게좀그래요
    정치는정치가들이더좋아하고
    사기는사기꾼들이더좋아하고
    밀수는밀수업자들이더잘하고
    작당은꾼들이더잘하고
    시인은시를더좋아하니까
    시에미치지요밥만먹고못사니까
    밥안먹고못사는이야기에미쳤지요
    그래요미쳤지요허지만시인도
    밥먹고살아요돈벌기위해일도하고
    출근해요출근하지못하면정말곤란해요
    순사가검문하면주민등록증보여야해요
    순사가검문해도번호가없는詩는그러니까
    위법이지요위법이니까그게좀그래요

위법은또하나의法이니유쾌해요그게그래요

거리를가다가혹시詩가있거든눈꿈이며

그곳이나비누로닦아주고안부나

그렇게만전해줘요그게그렇다구요

－「시인詩人 구보씨久甫氏의 일일一日 1」 부분

  시인은 시에 미쳐있다는 당연한 선언이 심각하게 들리는 것은 오규원 시인이 시종일관 추구한 시에 대한 아이러니한 관점을 보여준다. 그것은 간단히 말해 시인이 시가 아닌 것에 미쳐있다는 비판적 관점을 내포하고 있기 때문이다. "밥안먹고못사는이야기에미쳤지요"라는 시적 발언은 밥 먹고 사는 이야기에 미쳤다는 이야기와 같은 의미이다. 이 지상의 삶이란 특별한 무엇으로 구조된 것이 아니라 실상은 까놓고 보면 개별자들은 비슷하다는 인식을 보여준다. 시라는 것도 일상의 관점에서 보면 엄청난 그 무엇이 아니라 약간은 "위법"한 것일 뿐 안부나 물으면 되는 실체인 것이다. 오규원에게 시의 비의란 "그게좀그래요"라고 말할 수밖에 없는 뉘앙스를 품고 있는 것이다. 그러니 길을 가다 마주친 모든 것이 시로 환원될 수 있는 것이며 동질적인 것이기도 하다. "그게그렇다구요"라고 심드렁하게 말하고 있는 듯 보이는 이 구절에서 개인주의에 근간한 날카로운 지성을 느끼게 된 것은 한참 뒤의 일이었다. 이러한 독서 경험은 평론가 김현 선생 같은 분의 글을 읽으면서 느낀 것과 같은 류의 정서적 밀착이라 할 것이다. 이론적으로 앞서간 분들이지만 그분들에게는 문학은 그냥 문학이었고 문학에 대한 사랑이 그들의 삶을 관통하고 있었던 것이다. 고도로 세련된 의식의 소유자였지만 오히려 가르고 나누는 법이 없었다는 것. 오규원 시인이 쓴 스테디셀러『현대시작법』을 읽다 보면 본인의 시적 경향과는 전혀 다른 수많은 시들이 좋은 시의 예시로 올라와 있다. 김현 선생은 더 말할 것도 없다. 유파나 섹트주의 같은 것은 사실 약한 자에게나 어떤 기능을 발휘할 터. 시인 구보씨의 산책은 현대성이라는 감옥에서 시를 앓는 자유인의 초상을 보여준다.

　이 연작은 자서에 제기한 의문에 대한 탐구의 형식을 띤다. '내가 지금 서 있는 이곳은 어디쯤인가'하는 물음은 현실적이며 동시에 형이상학적 질의의 형식을 보여준다. "사물이, 모든 사물이 그냥/그대로 한 편의 詩이듯/사람이, 사람이 또한/모두 시詩구나"(「시인詩人 구보씨久甫氏의 일일一日 4」 부분)라는 인식은 사물과 사람을 모두 아우르는 범아일여와 같은 사상이라기보다는 오히려 존재들의 개별성에 대한 지향을 보여준다. 개별성에 대한 인지야말로 존재자에서 존재로 즉 구체적 실제로 가치를 부여하는 일이기 때문이다. 자신이 서 있는 자리에 대한 탐구는 오규원 시인의 시론을 관통하는 핵심적 의미망이기도 하다. 그 자신이 선구적 형식의 시를 썼음에도 불구하고 그는 늘 추상적 인식과 장식적 수사에 대해서는 비판의 시각을 거두지 않았다. 그것은 바로 '이곳'에 대한 탐구와 '이곳'에서의 체험이 시의 원천이어야 한다는 것을 내면화한 때문이다.

> 노점의 빈 의자를 그냥
> 시라고 하면 안 되나
> 노점을 지키는 저 여자를
> 버스를 타려고 뛰는 저 남자의
> 엉덩이를
> 시라고 하면 안 되나
> 나는 내가 무거워
> 시가 무거워 배운
> 작시법을 버리고
> 버스 정거장에서 견딘다
>
> (중략)

배반을 모르는 시가

있다면 말해보라

의미하는 모든 것은

배반을 안다 시대의

시가 배반을 알 때까지

쮸쮸바를 빨고 있는

저 여자의 입술을

시라고 하면 안 되나

- 「버스 정거장에서」 부분

 사실 전경으로써 이 시는 무수한 사회적 후경을 전제로 이해될 수 있다. 시적이라는 말과 시라는 말은 전혀 다르다. 오규원 시인이 보기에는 어쩌면 시적이라는 말은 악질적인 의도를 감춘 치한의 포즈 같은 것을 의미하는지도 모른다. '시는 절대 선善'이라는 형식적 포즈는 시적일 뿐 시는 아닌 것이며 오히려 시를 왜곡시킨다. 체험되지 않는 거대 담론을 시적 포즈로 취하느니 지금 눈앞에 있는 "의자", "저 여자", "저 남자"를 시라고 하면 안 되겠느냐고 묻는 것이다. "작시법을 버리고/버스 정거장에서 견"디는 것이 지금 '이곳'에서의 시쓰기인 것이다. "의미하는 모든 것은/배반을 안다"는 발언은 범속한

시를 만나다 45

일상에서 건져 올린 탁월한 깨달음이다. "배반"이란 절대적 가치 혹은 절대적 중심으로부터의 이탈을 의미하는 것이며, 영원히 견고한 것은 없다는 것을 의미한다. "詩에는/아무것도 없다/조금도 근사하지 않은/우리의 생生밖에는"(「용산龍山에서」 부분)라는 싸늘한 인식도 그 궤를 같이하는 발언이다.

'내가 이곳까지 왔듯 그렇게 또 이곳을 떠나리라'. 〈자서〉에 쓴 이 말이 자연주의자의 발화였다면 탈속의 지경을 의미하는 것일 터이지만 여기서는 그렇게만 볼 일이 아니다. 탐구의 형식으로 세계를 대해온 그이기에 단순하게만 읽을 수 없다. 그가 살아온 '이곳'에서의 삶은 다분히 투쟁적인 것이었다. 물론 그것은 사회적 의미로서의 그것이 아니라 시적 인식의 갱신을 의미하는 것이다. 시의 의미나 형식에 있어서 그는 보편의 길을 마다하고 자신만의 길을 걸어왔다. 그러니 그가 살아온 방식대로 '이곳'을 떠나겠다는 의지는 심화된 자신의 의지를 '이곳'에서 살다 가겠다는 뜻이다.

> 한 쌍의 남녀(얼굴은
> 대한민국 사람이다)가
> 사막을 걸어가고 있다
> 〈

한 쌍의 남녀(카우보이

스타일의 모자를 쓴 남자는

곧장 앞을 보고-역시

남자다, 요염한 자태의 여자는

카메라 정면을 보고-역시

여자다)가 사막을 걸어가고 있다

이렇게만 씌어 있다

동일레나운의 광고

IT'S MY LIFE-Simple Life

(심플하다!)

Simple Life, 오, 상징의

넓은 사막沙漠이여

사막沙漠에는 생生의 마팍에 집어던질

돌멩이 하나 없으니-

- 「그것은 나의 삶」 전문

광고를 적극 차용하여 이분화된 사회의 모순을 신랄하게

조롱하고 허구적 일상에 대한 야유를 시적으로 형상화한 선구적 시인이 오규원이다. 그는 자신이 살고 있는 '이곳'을 거짓으로 이미지화된 세계로 인식하고 있다. 오규원 시인의 시가 비판적 리얼리즘을 성격을 띠는 것은 바로 모순된 현실에 대한 탁월한 묘사와 풍자가 시 곳곳에 내장되어 있기 때문이다. 가령 "(얼굴은/대한민국 사람이다)"라는 시구는 구체적 현실로써 '여기'의 실상을 고발하는 기능을 하고 있다. 얼굴은 대한민국 사람이라는 의미는 그 이외의 다른 것들은 대한민국의 것이 아니라는 것을 의미한다. 그렇게 그려낸 이미지는 허구에 가까운 것이다. 더군다나 "IT'S MY LIFE-Simple Life"라는 구절은 광고의 원안을 그대로 가져온 것으로 저 가상된 이미지와 삶의 매개가 어떻게 가능한가에 대한 조롱에 가까운 시선을 보여준다. "(심플하다!)"는 해석적 규정은 '이곳'에는 아무것도 없다는 일종의 허무감이 짙게 배어 있다. "상징의/넓은 사막沙漠"이야말로 그가 인식한 당대의 현실적 지평이었다 할 것이다. 그에게 시를 쓴다는 것은 사막에서 거짓으로 이미지화된 "생生의 마곽"에 돌을 집어 던지는 행위에 다름 아니다. 그 돌을 찾으러 사막을 떠돌아 온 것이 지금의 '이곳'이며 동시에 앞으로의 삶 역시도 더 크고 날카로운 돌을 찾으러 다니는 역정이 될 것이다.

'그러나 늘 떠나기는 했고, 과연 떠나고 있기는 한 것인가?' 라는 물음이야말로 풍자와 아이러니로 점철된 시적 여정 속에 보여주는 자기고백의 성격을 띠고 있다. 시인에게 떠난다는 것은 어쩌면 운명과도 같은 참의 명제에 해당하는 일이다. 그것은 정신의 문제이며 세계관을 반영하는 일이기 때문이다. 그러나 일상은 우리의 발목을 잡고 있으며 확신 없는 시정신은 시인을 늘 제자리로 돌려놓는 것이다. 떠나기 위해서 정신은 날카로운 각을 유지해야 되고 글은 늘 검열의 대상이 된다. 그럼에도 오규원 시인의 시가 늘 새로운 지평을 열어가는 전선의 선두에 선 까닭은 그것만이 유일한 길이라는 것을 오래전부터 내면화한 까닭이다. 그가 보여준 시의 퍼포먼스가 관념의 한쪽을 건드리면서도 늘 육화되어 있는 이유는 시의 길이 사랑의 유일한 길이라는 사실을 터득한 때문이다. 아름답고도 단호한 한 편의 시를 읽으면 우리가 왜 사랑의 길을 가야 하는지, 시의 길이란 무엇인지 어렴풋이나마 느끼게 된다. 살아생전 선생을 뵌 적이 없지만 이상하리만큼 빚이 많다.

> 사람이 할 만한 일 가운데
> 그래도 정말 할 만한 일은
> 사람 사랑하는 일이다

〈
-이런 말을 하는 시인의 표정은
진지해야 한다

사랑하는 길만 있고
법은 없네

-이런 말을 하는 시인의 표정은
상당한 정도 진지해야 한다

사랑에는 길만 있고
법은 없네

- 「무법」 전문

조창환 시집
- 『빈 집을 지키며』(심상사, 1980)

〈후기後記〉

73년 추천을 끝낸 후 이제야 첫 시집을 묶는다. 비교적 과작寡作인 편이다. 모아놓고 보니 스스로 부끄럽고 민망하다.

시는 내게 있어 언어를 통한 생生의 해방解放이며 자기 구원의 모험이며 시대의 삶을 직시直視하는 눈 뜬 자의 고백告白이어야 했다. 저 풀 길 없는 모순의 굴레에 갇힌 우리의 삶- 그 어둠과 아픔을 밝혀 줄 치열한 내성內省의 시선을 준비하지 않는 한 나는 시 쓰는 일을 계속할 수 없다는 생각이 든다. 그러나 또한 이것은 얼마나 허망한 자기소진自己消盡의 노동일 것인가.

갇혀 있는 자의 부끄러움. 불과 소금과 못. 바람 속에서. 빈손으로. 죄와 침묵.

나를 사로잡고 있던 이러한 의식에서 벗어나고 싶다. 벗어나므로 더욱 깊어지는 다른 세계를 찾아서 싶다.

시를 쓰고 공부하는 길에서 늘 지도와 격려를 아끼지 않는 정한모 교수님, 김요섭 선생님, 그리고 이 시집을 내도록 도와주신 심상사心象社와 박규동 교수님, 발문跋文을 써주신 오세영 교수님께 감사드린다.

1980. 2. 조창환

조창환 시인의 첫 시집 『빈 집을 지키며』를 읽는다. 첫 장을 펼치니 무섭도록 윤리적인 한 자아를 만난다. "그것은 훈장이 아니니 옷깃에 달지 말라/어둠을 뭉쳐서 헛된 하루를 지을 뿐/한 손바닥조차 바로 세울 수 없다"(「말」부분). 닿을 데 없는 허무의 나부낌을 본다. 어쩌면 오랫동안 보아왔던 조창환 시인의 본연이 여기에 있지 않겠는가 하는 생각이 든다. 시집 후기에 써놓은 글머리에서 그는 스스로 부끄럽고 민망하다고 고백하고 있다. 이도 겸손의 허사로만 들리지 않은 이유도 시에서 만나는 염결한 윤리적 자아 때문이다. 시 도처에 나오는 죄라는 구절도 이와 필연의 관계가 있을 터이다. 「연가戀歌 2」에서 "죄로써 그리움을 갈고 닦"겠다는 고백도 같은 맥락에서 이해가 된다.

'시는 내게 있어 언어를 통한 생生의 해방解放이며 자기 구원의 모험이며 시대의 삶을 직시直視하는 눈 뜬 자의 고백告白이어야 했다'라는 시인의 말은 살아있는 정신의 한 표상을 문장으로 드러낸 것이다. 이 말에는 자아와 세계를 모두 아우르는 시적 지향이 그대로 드러나 있다. 어쩌면 이 지향은 결국 패배하고 말 것이라는 생각이 든다. '생生의 해방解放'과 '자기 구원의 모험'은 거의 종교적 명제에 그 연원을 둔 까닭이다. 그러한 의미로 조창환 시인은 시라는 창槍을 가지고 세계에 대항하지만 결국 현실적으로 패배하리라는 것을 알고 있었음이 분명하다. 패배의 운명을 안고 돌진하는 창을 든 기사가 바로 시인이라는 사실은 근대적 기획이 확고해질수록 더욱 자명한 사실이 되고 있다. 특별히 '이어야 했다'는 말에 주목하게 된다. '눈 뜬 자의 고백이다'와 '고백이어야 했다'는 것 사이에는 어떤 차이가 있는가? 결정된 그 무엇이 아니라 당위의 세계로 압박해가는 결기가 이 고백에는 담겨져 있다. 그럼에도 불구하고 '생生의 해방解放'과 '자기 구원의 모험' 그리고 '시대의 삶을 직시直視' 한다는 명제는 한 인간의 전 생애에 걸친 지난한 싸움이며 아무것도 보장할 수 없다는 점에서 불확실한 투쟁이다. 사실 시인도 그러한 사실을 너무 잘 알고 있다. 그래서 말한다. '저 풀 길 없는 모순의 굴레에 갇힌 우리의 삶―'. 윤회와도 같은 모순의 굴레 속에서 각성된 자아로서 세계와 대결한다는 것은 고통스럽기 짝이 없는 노릇이다.

>밤 깊어 잠들지 않아
>숨죽여 시계소리 듣다
>
>이 세상이 홀로 부서지고
>어디서 새 별들이 태어나는가
>
>창밖에는 어둠이 가득하고
>장미 한 잎, 무겁게 떨어진다
>
>내 기다림이 아무리 정확해도
>저 꽃잎 한 번 멈출 수 없고
>
>밤 바람 소리, 가슴을 두드릴 때
>책상 위 목과木瓜 한 알이 백지처럼 썩어간다

〈

모든 것이 일회―回이며

이 피의 용서까지 덧붙임 없다

- 「각성覺醒」 전문

  한밤에 들여다보는 세계의 속살은 별이 부서지고 생겨나는 우주적 운동에서부터 장미 한 잎이 떨어지는 미시적 움직임까지 거대하고도 내밀하다. 그러나 세계의 어떠한 움직임도 가치의 경중이나 우열은 없다. "장미 한 잎"이 떨어지는 장면도 거의 별이 홀로 부서지는 것과 등가의 가치를 지닌다. 시적 화자의 절망은 "내 기다림이 아무리 정확해도/저 꽃잎 한 번 멈출 수 없"다는 사실이다. 우주의 운행 원리는 인간의 바람이나 소망과는 아무 관련 없는 지점에서 진행된다. 깨어 있는 자로서 세계를 직시하여 끝내 간파해낸 세계의 진실은 "모든 것이 일회―回"라는 사실이다. 이러한 세계 인식은 뒷날 조창환 시인의 허무 의식과 깊은 관련을 맺게 된다. 시집 『수도원 가는 길』의 「허무에 기대어」라는 시 가운데 "검은 허무는 황홀하"다고 쓴 부분이 있는데 이처럼 '풀 길 없는 모순의 굴레'는 그의 오래된 시력 속에 언제나 남아 있는 붉은 피톨 같은 것이다. 허무와 황홀함의 변주는 이 시집에서도 길항의 관계를 유지하며 연주되고 있다. 그러나 이 둘의 관계는 뒷날의 시편들보다 더 강렬하고 긴박하다. 이 시집의 주요 질료인 물, 불, 쇠와 같은 원형적 이미지가 그것을 잘 보여주는데 처절한 자기 고백과의 싸움이 한 이유가 될 것이다.

  2000년 어느 가을이었는지 정확하지는 않지만 동숭동 서울대 병원에 조창환 시인이 입원하여 찾아간 일이 있다. 젊은 날부터 그를 괴롭혀온 간에 이상이 생겨 수술을 받은 직후였다. 죽음과 허무를 온몸으로 감지하며 조용히 누워 있던 시인의 모습은 오히려 맑은 인상을 주었다. 수술 경과와 누구누구의 근황이 오고 갔고 병실에서 바라보는 마로니에 공원은 웬일인지 말할 수 없을 만큼 아름다웠다. 무슨 말끝에 '다 소용없는 일이다'라는 조창환 시인의 독백이 들렸다. 그 후 병을 훌훌 털고 일어나서 왕성한 활동을 하였지만 그 태도만큼은 큰 변화가 없었다. 그 무엇에 지독히 연연하지 않았다. 어떤 안타까움이 있더라도 집착하지 않았다. 시는 점점 누르면 누르는 대로 들어갔다가 다시 탄력 있게 복원되는 달과 같았다. 섬뜩한 칼과 부드러운 달, 두 개의 이미지를 동시에 가지고 있었다. 문학적 태도 역시도 겉으로 드러난 부드러움에 비해 안으로는 차디찬 강철의 이미지를 유지하고 있었다. 소위 문단 활동에 있어서도 여기저기 드나드는 것을 삼가 왔다. 오죽하면 제자나 안면이 있는 어떤 시인들에게도 지면을 마련해주거나 자신 또한 그것을 바란 일이 한 번도 없었다. 각자의 그릇에 알맞게 가면 그만이었다. 문학의 단독성을 몸으로 체득한 탓에 어떤 걸림도 없었다. 그에게 시는 '어둠과 아픔을 밝혀 줄 치열한 내성內省의 시선'을 발견하는 일에 다름 아니었기에 권력이나 외적인 곳에 시선을 두지 않았다. 어둠과 아픔을 밝힌다는 것은 사실 삶의 고통을 정면으로 응시한다는 이야기다. 시인으로서 지녀야 할 웅분의 자세지만 이도 쉬운 일만은 아니다. 이에 하나의 단초를 제시하는 것이 그의 장인이신 검여劍如 유희강 선생이다. 국전이라는 철옹성 속에서 정치적 인맥으로 서예계가 횡행할 때 자신만의 세계를 구축해간 서예인 유희강 선생의 발자취가 그에게 어떤 영향을 미쳤는지 미루어 짐작할 뿐이지만 적어도 손쉽게 주류에 야합하는 태도와는 늘 거리를 두었다. 뇌졸중 이후 유희강 선생은 다시 왼손으로 글을 쓰는 투혼을 발휘하여 다시 한번 서예계를 놀라게 만든다. 저 투철한 정신이야말로 예술에 이른다는 것을 가장 가까이 지켜보았던 조창환 시인에게 검여 선생의 예술혼은 많은 영향을 주었을 것이다.

이낀 바람 한 폭 기대어 있다.

저세상 향나무에 듣는 빗소리

새벽 까치에게 칼빛을 던져주고

견고한 어둠에서 은행잎이 떨어진다.

- 「검여서루劍如書樓」 전문

  고요 속에 내던져진 칼빛이 유희강 선생에 대한 조창환 시인의 인상이었음을 알 수 있다. 견고한 어둠에서 떨어지는 은행잎이라는 한국의 묵화적 세계에서 완강한 예술혼을 느낄 수 있다. 남명 조식 선생을 연상케 하는 한 자루의 칼 그리고 그것이 발하는 빛은 섬뜩한 이미지를 던져준다. 젊은 날의 윤리적 자아에게 이 칼의 이미지야말로 어떻게 이 세계와 싸워야 하는지를 암시케 했다고 볼 수 있다.

  '그러나 또한 이것은 얼마나 허망한 자기소진自己消盡의 노동일 것인가'라는 자기 질의야말로 솔직한 한 내면이기도 하다. 시 갈래야말로 '자기소진自己消盡의 노동'으로서의 정점이라 말할 수 있다. 사유와 생활의 격전 끝에 건져낸 몇 줄의 언어. 더러는 아무도 호응하지 않는 이 몇 줄을 위해 바쳐진 자기소진은 현실적으로는 뼈아픈 것이기도 하다. 그러한 의미에서 허무로 가는 길은 늘 열려 있다. 그리고 실제 시에서 그는 이 허무를 넘나든다.

'갇혀 있는 자의 부끄러움. 불과 소금과 못. 바람 속에서. 빈손으로. 죄와 침묵'은 그의 시적 오브제의 나열이다. 이 모든 오브제를 모두 담고 있는 한 편의 시가 있다.

> 어제는 소금으로 성모상을 닦았더니
> 이 아침 네 손바닥에 못질을 한다
> 눈부신 사월四月 아침, 진달래 붉고
> 툇마루 한 뼘에도 핏자욱 깊다
> 내 뼈마디에 황토처럼 굳어진 녹
> 이 햇빛 아래 타오르게 하리라고
> 이 아침 네 손바닥에 못질을 한다
> 돌이킬 수 없음이여, 이 살로 못다한 罪
> 깊이 못 박으며 네 눈을 본다
> 햇빛 한 조각에 소스라치고
> 어린 자식들의 발 씻어주며
> 잔디에 주저앉아 못을 박는다
> 못은 깊이 박혀 침묵을 이루었고
> 눈부신 침묵으로 그대를 일으킨다
>
> ― 「못을 박으며」 전문

소금과 못은 이율배반적이다. 성모상을 소금으로 닦는 행위는 정갈해지기 위해서이다. 그러나 손바닥에 못을 박는다는 행위는 인간으로서의 원죄에 그 끈이 닿아 있다. 그러니 툇마루의 핏자국은 죄의 결과이며 동시에 그 값이다. '돌이킬 수 없음이여, 이 살로 못다 한 죄₩'는 인간의 실존적 한계를 그대로 보여준다. 육신의 한계로 인한 결과로써 죄 앞에 흔들리는 윤리적 자아가 있다. 다분히 예수를 연상시키는 아들의 발을 닦는 행위는 시인의 지향을 보여준다. 눈부신 침묵은 아마도 신의 영역일 터이다. 보이지 않는 것을 만나고자 하는 충만한 영성은 다분히 종교적 모습으로 형상화되어 있다. 그러나 어쩌면 '나를 사로잡고 있던 이러한 의식에서 벗어나고 싶다'고 간절히 소망하는 부분이 이 지점은 아닐까도 생각해 본다. 훗날 『피보다 붉은 오후』, 『수도원 가는 길』 등의 시편을 보면 이런 생각을 떨칠 수 없다. 그것은 배교가 아니라 '벗어나므로 더욱 깊어지는 다른 세계'를 보여주고 싶은 열망의 소산이라고 할 수 있다. 이 시집 자체도 그러한 열망이 고여 있다. 시인은 이 시집의 제목을 『창₩』이라고 하고 싶었다고 고백한 적이 있다. 창은 못과는 다르다. 훨씬 원초적이며 극명한 이미지를 제공한다. 조창환 시인의 시가 선연한 이미지의 시로 이동한 점을 생각하면 그 의도를 어렵지 않게 간파할 것도 같다. 「창槍」의 몇 구절만 옮겨놓고 글을 맺는다. 이 시집의 여타의 시들과는 다른 세계를 보여준다.

    풀밭에 쏟아진 창槍들은 운다.

    창槍은 뱀이 되어 본다.

    창槍은 창槍이 되어 창槍을 두들긴다.

    창槍은 눈이 되어 겨눈다.

    창槍은 창槍이 되어 창槍을 찌른다.

- 「창槍」 부분

신현정 시집
- 『바보사막』(랜덤하우스, 2008)

〈시인의 말〉

시인은 평생 환자입니다.

내게 있어서는 결백증과 결벽증이 한 가지로 되어 있어 참으로 그 치유를 기대하기란 어렵겠습니다.

일류 살청殺靑 기술자가 되고 싶습니다.
〈

세상의 일들은 즐거운 숨바꼭질입니다. 저를 둘러싼 모든 것들을 영원한 술래로 만들어 볼려구요.

왜 무의미일수록 내 심장은 붉고 크고 게걸스러워지는 것일까요.

무위無爲와 실컷 놀다 갔으면 합니다.

2008년 여름 장마
신현정

  신현정 시인, 어눌한 말투에 얼굴이 까만 그리고 아담한 키. 충무로 시인의 사무실 부근에서 만났을 때 덥석 손목을 끌고 골목집 2층 허름한 중국집으로 들어가 배갈을 시켜주시며 어서 많이 들라고 대견스럽게 바라보던 눈길. 산만한 듯하지만 무섭도록 정확한 기억과 자신만의 시론. 그리고 밤늦게 걸려온 전화, 약간은 취기가 있는 끈질긴 통화. 이 시집을 내고 약 1년 뒤 시인은 타개하셨다. 그 1년 동안 무위와 실컷 놀다 가셨는지 알 길이 없다.

  '시인은 평생 환자'라는 고백은 무섭다. 동병상련. 시인이라는 환자복을 입는 순간 다시는 일상인으로 되돌아올 수 없다.

마력, 매력, 유혹, 위험. 끝까지 시의 정직한 환자로 살다 간 분이 신현정 시인이다. 더러 누추한 환자복을 입고 자전거를 타고 들판을 달리다가 모자를 잃어버리고 혼자 중얼거리기도 하였다. 아, 그것은 구름이었지. 그리고 다시 달려 사막에서 낙타로 갈아타고 끝없는 모래사막으로 사라진 것이다.

  결백증과 결벽증은 하나의 증상을 가리키는 말이다. 그럼에도 불구하고 그는 왜 두 가지의 증상을 모두 거론하였나. 어떤 불결을 병적으로 두려워하는 공포증의 하나가 결벽증이다. 결백증이라는 말은 없다. 그가 애써 결벽증에 더 얹고 싶었던 말에 불과할 따름이다. 결백潔白, 깨끗하고 희다는 결백이라는 말에 대해 나는 아무런 증명 없이도 단연코 주장할 수 있거니와 이 말은 일상이 아니라 시에 관한 자신의 태도를 의미하는 뜻이다. 그는 시에서 천진난만과 몽상으로 이를 실현하였다. 살청殺靑, 푸른 찻잎을 덖는 일이 그에게는 시였던 것. 독을 다 빼고 남은 차 본연의 맛을 실현하는 살청 기술자처럼 그는 세상을 살청하여 시로 거듭나게 했다. 그러니 그가 얼마나 고된 나날을 보냈겠는가? 뜨거운 불 앞에서 몇 번의 동일한 과정을 되풀이하고 민감한 시의 온도를 조절하는 날들을 보냈을 것이다. 그가 시인으로서 얼마나 열렬하게 시를 살았는지(?) 알만한 이들은 다 알 터이다.

나는 분명히 모자를 쓰고 있었는데 사람들은 알아보지를 못한다

그것도 공작 깃털이 달린 것인데 말이다

아무려나 나는 모자를 썼다

레스토랑으로 밥 먹으러 가서도 모자를 쓰고 먹고

극장에서도 모자를 쓰고 영화를 보고

미술관에서도 모자를 쓰고 그림을 감상한다

나는 모자를 쓰고 콧수염에 나비넥타이까지 했다

모자를 썼으므로 난 어딜 조금 가도 그걸 여행이거니 한다

나는 절대로 모자를 벗지 않으련다

이제부터는 인사를 할 때도 모자를 쓰고 하리라.

- 「모자」 전문

  신현정 시인 특유의 행갈이, 모든 행을 한 연으로 처리하는 수법은 그의 시에 썩 잘 어울린다. 이 시집을 해설하며 황현산 선생은 '지식의 그물에 걸려들지 않은 정신', '쌓아둔 것에 함몰되지 않는 삶'이라는 예리한 시각으로 신현정 시인의 시와 삶에 대해 말하고 있다. 저 행갈이야말로 어눌한 듯 보이면서 모던한 시를 드러내는 가장 적절한 형식처럼 보이기도 한다. 그 어디를 보아도 아는 체, 심각한 체가 없다. 그러나 위와 같은 시를 읽다 보면 시에 대한 그의 온도를 느끼게 된다. 그것은 활활 타오르는 무엇이 아니라 미지근한 물질들이 서로 화학 작용을 일으키며 점점 뜨거워져 무엇으로도 식힐 수 없는 고양된 신앙과 같은 것이다. 나는 모자를 시 혹은 시인이라고 읽어 왔고 그 생각을 수정할 필요를 느끼지 않는다. 절대로 모자를 벗지 않겠다는 시구와 인사를 할 때도 모자를 쓰고 하겠다는 구절은 어쩌면 문학적 수사가 아니라 진술하면서도 결연한 내면의 고백으로 들린다. 시인이므로 그는 어딜 가도 여행이거니 산 것은 아닐까 하는 생각도 해보는 것이다.

  천상병 시인이 이생을 소풍이라 했듯이 신현정 시인은 즐거운 숨바꼭질이라 말하고 있다. 자신을 둘러싼 모든 것들을 영원한 술래로 만들겠다는 각오는 시와 관련되지 않으면 아무런 의미도 띨 수 없다. 그의 시 전체가 숨바꼭질의 형국이다. 그의 대표시 가운데 하나인 「세한도」에 보면 세한도의 집에 들러 "한 열 번은 더 돌"다가 "냅다 눈발 속으로 줄행랑"을 치는 장면이 나온다. 독자는 그의 행로를 끝없이 추적해야 하는 술래가 될 수밖에 없다. 어디로 갔을까, 어디에 숨었을까. 심지어 그는 서울과 경기도의 표지석인 해태를 돌려놓고 어서 오십시오와 안녕히 가십시오를 뒤바꾸어놓고 싶어 한다. 그리고 천진한 독백을 한다. "오가는 구름도 감쪽같이 속아주겠지". 그는 우리를 술래로 만들어 놓고 무엇을 찾기를 바랐을까?

  그때마다 게들은 혼비백산 몸을 감추다

  구멍에서 나왔단 숨고 숨었다간 다시 나오다

  꼭 숨바꼭질하는 거 같다

  그렇다면 갈매기 구름 파도 섬 등대 이런 것들을
  〈

영원한 술래로 따돌려 보는 것도 괜찮다 싶다

햇살이 따사로우니 평화란 저런 것일 수 있겠다
- 「게들의 전쟁」 부분

  그가 우리에게 선사하고 싶었던 것은 평화 같은 것은 아니었을까. 그런 의미에서 그는 우리에게 큰 선물을 준 것이다. 그 선물이 사실의 그 무엇이 아닌 까닭에 실질의 욕망과는 무관하다. 술래가 되어 다니다 보면 만나게 되는 것들. 갈매기 구름 파도 섬 등대. 어쩌면 이 세계의 욕망과 아무런 상관이 없었기에 그는 외로웠겠다는 생각도 든다. 평화를 나누어주는 산타클로스, 그도 알고 있었다. 이 놀이를 이어가기 위해서 자신의 정신이 늘 반짝여만 한다는 것을. "정작 나는 행방불행이 되고 싶었다//민들레 옆에 자전거를 모로 눕히고 쪼그려 앉아 담배를 피운다//아, 나는 선량했다."(「길 위의 우체부」 부분). 마지막 고백은 그의 자존이었을까 아니면 술래잡기 놀이판을 짠 기획자의 깊은 고뇌였을까. 어쨌든 그는 선량했다. 맞다. 그래서 그는 참으로 외로웠다.

이명수 시집
- 『카뮈에게』(시로 여는 세상, 2019)

〈시인의 말〉

어둠체험에 참여한 적이 있다

어둠의 어둠에서 나를 이끄는 알 수 없는

빛의 문을 보았다

어둠과 밝음, 필연과 우연이 상극이 아닌

상생의 인드라망 속에 있다

그 연기緣起의 경로徑路에 서서

한동안 외롭게 바라보리라

〈

언어가 어둠상자를 열고

더 어두운 곳으로

들

어

간

다

       눈꽃이 시린 겨울 아침

          이명수

 노장의 비장함을 본다. 언어와 함께 더 어두운 곳으로 가겠다는 시에 대한 절대적 태도 앞에서 시를 쓰는 동류로 감사드린다. 그러다 벌떡 일어나 앉는다. 무언가 두렵다. 어둠과 빛은 한 몸인가? 내가 살아온 한 세상은 내가 살아온 것인가? 그동안 시에 많은 투정을 부려왔던 것도 사실이다. 아아 내겐 아직도 어둠은 어둠일 뿐이다.

 십여 년 전 즈음, 우연히 선생과 동반하여 몽골에 갔던 적이 있었다. 한여름이었으니 시내는 온갖 공해로 숨쉬기가 어려웠다. 광야로 나가서야 게르 부근에 어슬렁대는 들개를 쫓으며 술을 마셨다. 모래사막에 누워 별도 보고 노래도 부르고 그랬으면 좋았을 것을, 방탕하고 허황된 마음은 별을 보면서도 사막에 누워서도 연신 음주 행각을 벌였던 것이다. 한참 후배의 이러한 어이없는 행각을 관용하며 함께 술을 나누고 고개를 끄덕여 주시던 관대함을 따뜻하게 느꼈던 것은 사실 그 당시가 아니고 꽤 시간이 흐른 뒤였다. 라마교의 사찰을 중심으로 몽골을 다니며 탐구심에 가득 찬 한 청년 이명수 시인을 보았다. 손때 묻은 카메라는 사진에 대해 잘 모르는 내게도 범상치 않게 보였으며 카메라를 들이대는 각도는 인물이나 풍경 중심이 아니었다. 사물의 결을 바라보는 눈이 달랐다는 것도 시간이 지난 뒤 알게 되었다. 몽골을 다녀온 얼마 뒤 나온 시집 『풍마風馬 룽다』는 여행은 함께 했지만 보는 것은 너무도 달랐다는 것을 깨닫게 해주었다. 삶을 여행이라 생각하고 순례자의 마음으로 걸어온 그의 문학적 여정을 고스란히 느낄 수 있었다. 시집 『카뮈에게』를 읽으며 여전히 이명수 시인은 길 위에 있음을 알 수 있었다.

  나를 넘어 나를 만날 수 있을까

  동기창董其昌이 타이른다

  살아 있는 너를 만나려면

  만 리를 여행하라

〈

서역西域 만 리 미얀마에 떠 있다

광활한 버강 들녘 달빛 사이로

정체불명의 비행물체 하나 내려앉는다

수천 불탑과 황금 사원이

걸어온다

맨발의 아난다阿難陀가 걸어온다

어디에도 나는 없다

나라고 할 만한 것이 없다

등 굽은 노승의 나직한 독경 소리만

잠든 이라와디강을 쓰다듬는다

내 몸에서 나를 기다리는

맨발의 아난다여

만 리를 걸어서 내게 다시 왔다.

-「행만리로行萬里路」 전문

  명나라의 동기창이 서가육법書家六法을 논하며 기운氣韻이란 배워서 얻는 것이 아니요 나서면 부터 아는 것이라 했다. 자연천 수₍自然天授₎라 했으니 범인으로서는 근접할 바가 못 되지만 그것을 배울 수 있는 요처가 있으니 그것이 독만권서 행만리로₍讀萬卷書 行萬里路₎라 했다. 이 또한 범인이 할 수 있는 일인가? 또한 만권의 책을 읽고 만 리를 걷다 보면 어찌 서가의 요체만 얻겠는가? 추사가 동기창의 필법을 사모했던 것도 이런 탐구의 자세 때문이었을 것이며 평생을 가슴에 새겼던 문자향₍文字香₎ 서권기₍書卷氣₎도 이와 무관하지 터이다. 추사가 청장년시절 문장을 익히고 금석의 대가가 되기까지가 독만권서의 단계였다면 북경을 오가고 유배로 떠돌았던 만년은 행만리로가 아니었던가? 뒷날 이명수 시인이 제주도에 내려가 삶을 꾸렸던 이유도 추사의 행적과 무관하지만은 않을 터였다. 독만권서는 내려놓고 행만리로를 시에 앉혀놓은 이유는 인생을 순례의 무엇으로 생각한 탓일 것이다. 천₍千₎이나 만₍萬₎은 동양 시학에서는 영원과 상통한다. 즉 구도의 길이란 영원히 걸어야 하는 것이다. "살아 있는 나를 만"나겠다는 의지에서 종교적 경지에 접근한 예술혼을 느낀다. 서역 만 리 미얀마 바간 들녘에 떠오른 달빛은 아름답고 관능적이기까지 했겠지만 시인이 본 것은 사원을 걸어 나오는 "맨발의 아난다"였다. 바간 사원에서 맨발의 시인이 맨발의 아난다를 만난다는 것은 행만리로를 통한 깨달음에 대한 간절함을 드러낸 것으로 볼 수 있다. 아난다는 부처님의 모든 경문을 외운 여시아문如是我聞의 주인공이다. "내 몸 안에서 나를 기다리는" 아난다를 만날 수 있는 전제 조건은 만 리를 걸어야 한다는 것이다. 시적 화자의 본심은 3연에 고스란히 담겨 있다. "나라고 할 만한 것이 없다"는 고백과 독경 소리를 들으며 저녁 강을 응시하는 풍경이야말로 시적 화자의 심경을 드러낸 것이다. 근원적 슬픔을 동반한 고적함이라 할 수 있는 내면적 풍광은 붉게 물들어 갔을 것이다. 그러나 멈출 수 없는 열망이 내 안의 나를 엿보게 한다. 내 안에 있는 아난다에게 만 리를 걸어서 왔다는 역설은 구도자의 형상 말고는 설명할 길이 없다. 지상에서의 이 여행은 피안의 강을 건너도 계속될 것이다. 나와 너, 차안과 피안은 다른 것이 아니다. 이미 시인은 〈시인의 말〉에 '어둠과 밝음, 필연과 우연이 상극이 아닌 상생의 인드라망 속에 있다'고 써놓았다. 개인적으로 '상생'이라는 말의 낙관성을 사랑한다. 사실 〈시인의 말〉 속의 세계는 한 발만 다른 곳으로 내디디면 허무의 나락으로 떨어지기 십상이다. 서로가 서로를 비추며 무한히 관계 맺는 인드라망의 비유는 우주 삼라만상이 대립하지 않고 융합함으로써 밀접한 관계 맺어져 있다는 것이다. 이랬을 때 나누고 가르는 분별은 어떤 가치도 있을 수 없다. 하나의 존재는 전全 존재인 것이다. 모든 존재는 서로를 비추며 서로에게 빚을 지고 있는 것이다.

그 관계 맺음은 연기緣起에서 비롯된다. 나는 어떻게 비치고 무엇을 비추어 주고 있나? 이명수 시인에게 여행은 바로 이것을 몸으로 찾아가는 과정이다. 그러니 행만리로의 이치가 여기에 있을 터이다.

>치명적인 위험이 나를 초대했고
>치명적인 위험이 치명적인 위험을 비켜갔다
>여행은 사라지는 것이다
>'결코 다시는'이 아니라 '다시 또다시'를 되뇌이며
>다른 사람의 걸음으로 걷는다
>
>궤도 이탈한 별처럼
>붉은 사막을 건너 국경을 넘는다
>
>낯선 나를 만난다
>개의 걸음으로
>
>　　　　　　　　　　- 「위험하다, 위험하지 않다」 부분

이명수 시인은 여행을 이렇게 규정한다. "다른 사람의 걸음으로" 걷는 일이며 "개의 걸음으로" 걷는 일이 여행이다. 만 리

시를 만나다

를 걸으면 무엇하겠는가? 시인은 지켜보는 자이다. 〈시인의 말〉에 '연기緣起의 경로徑路에 서서/한동안 외롭게 바라보'겠다는 선언적 의지는 바로 "다른 사람의 걸음" 혹은 "개의 걸음"으로 걷는 일과 통한다. 이럴 때 관성으로서의 내가 아닌 전혀 다른 나를 만나게 된다. 인드라망의 어느 구슬에 비치는 나와 대상을 비추는 나의 자세는 여행을 통해 변화한다. 일상의 자아와는 전혀 다른 곳에 시선을 두고 개의 걸음으로 속도를 조절하며 혀를 내밀어 내밀한 감각을 사유한다. 낯선 곳의 냄새를 한껏 들이마시며 배회하다 문득 한 존재를 만났을 때 악수를 청하며 묻는다. '당신은 나요?'. 그러나 이명수 시인은 대개 비극적 포우즈를 취하지 않는다. 상생의 인드라망이 품고 있는 참된 자유의 정신이 내면화되어 있기 때문이다. 그러니 "'결코 다시는'이 아니라 '다시 또다시'를 되뇌이며" 낯선 곳을 여행하는 것이다. "카뮈여/두려운 것은 여행보다 먼 곳에 있다"(「카뮈에게」 부분)라고 시인은 쓰고 있다. 여행이란 두려움을 수반한다. 역설적으로 그 두려움은 여행의 묘미라 할 수 있다. 그러나 진정한 두려움은 여행 혹은 행만리로를 통해 만난 또 다른 나의 실체에 있다. 시인이 지향하는 자아의 실체란 무엇인지 아래 시는 잘 보여준다.

나는 비로소

내가 할 수 있는 일이 있다

구름과 별과 밤과 바람을 만드는 일

그리고 인간이 되어 가는 일

- 「할 수 있는」 부분

  시인이 할 수 있는 일은 두 가지이다. "구름과 별과 밤과 바람을 만드는 일"은 일상적 자아로서의 과업이라기보다는 시인으로서 과업을 뜻하는 것이라 할 수 있다. 실용의 관점에서 그다지 효용성이 있어 보이지 않지만 구름과 별과 밤과 바람을 매만지고 밤새 닦아 세상에 슬그머니 내미는 자들이 예술가들이다. 이는 자신의 마지막 과업을 시 쓰는 일에 바치겠다는 상징적인 고백이라 보는 것이 적절할 것이다. 스스로가 할 수 있는 일 가운데 다른 하나는 "인간이 되어 가는 일"이다. 졸拙한 듯 보이기도 하는 이 고백은 사실 만 리를 걸어온 노장의 지혜와 예지를 담고 있다. 거창한 예술적 담론이 아니라 거추장스러운 것은 다 벗어버린 소박한 형국을 보여준다. 장년시절의 추사가 이삼만의 글을 보고 내심 못마땅하지 않게 생각했다가 오랜 유배 뒷길 그러니 행만리로의 긴 여정의 끝자리 즈음에서 이삼만의 글에서 고졸한 아름다움을 다시 새기는 장면을 떠올리게 한다. 사실 예술도 진리도 멀리 있지 않다. 그러나 그것을 알기 위해서는 멀리 갔다가 이곳으로 다시 돌아와야 한다. 이 단편적 진술이 진정성을 얻기까지 얼마나 많은 시간을 걸어야 하는가?

> 언어가 어둠상자를 열고
> 더 어두운 곳으로
> 들
> 어
> 간
> 다
>
>   - 「시인의 말」 부분

위의 진술은 볼 때마다 두렵다. 어두운 곳으로 들어가겠다는 의지는 행만리로의 마지막 여정이 될 것이다. 문제는 '더' 어두운 곳이라는 사실이다. "'결코 다시는'이 아니라 '다시 또 다시'" 여행이 시작된 것이다. 더 어두운 곳으로 가면 더 밝은 세계가 기다릴 것이다. 더욱 큰 문제는 시인이 언어와 한 덩어리가 되어 있다는 사실이다. 존재와 언어의 일원화는 시인으로서의 일생이 무엇인지 생각하게 한다. 마치 상자를 열면 이

세계의 기존은 모두 사라져 낯선 이방인이 되어 떠돌 것 같은 두려움이 엄습한다. 시인과 언어는 그 어둠 속에서 운명이라 되뇌이며 두 팔을 앞으로 내밀고 걸을 것이다. 꿈은 멀고 다시 꿈은 먼데 시인은 어둠 속으로 쑥 들어간다. 멀리 산둥 지방의 방언처럼 어떤 말이 잔향이 되어 울린다. 무슨 말인지 잘 알아들을 수가 없다. 그러다 문득 명백한 언어를 만난다. "열린 문틈 사이로 하느님이 보인다"(「나는 놀고 있다」 부분).

이상국 시집
- 『뿔을 적시며』(창비, 2012)

〈시인의 말〉

거의 십여 년 미시령을 넘어 다녔다.

그곳의 사람 사는 마을들과 풍광, 길이 지니고 가는 스스로의 치열함과 고립을 나는 충분히 사랑하고 즐겼다. 그리고 그 길 위에서 스쳐 지나간 많은 사람들, 타락을 모르는 나무들과 늘 같이 걸었다.

〈

 나는 마치 아침에 산속으로 들어갔다가 저녁에 바닷가로 나오는 바람과 같았다.

 길 하나가 집으로 돌아가고 시 몇 편이 남았다.

2012년 2월

설악산 자락에서

이상국

 홍천을 거쳐 인제 용대리에서 새로 난 미시령 고개를 넘으면 속초 양양이다. 전에는 늘 대관령을 넘어 다니던 길이다. 그곳에 이상국 시인이 있다. 강원 작가회의에 간 적이 있어 1박 2일로 몇 번 뵀다. 힘은 부드러운 데서 나온다. 진정한 권위도 권위자로부터 나오는 것이 아니라 주변으로부터 나오는 법이다. 이상국 시인을 볼 때마다 느낀 소회다. 시와 그 시를 쓴 사람은 같아야 한다 아니다 여러 의견이 있는 줄 아나 시와 사람이 같은 경우가 이상국 시인이다. 비좁고 누추한 자리일망정 좌장으로서 늘 웃고 있는 모습을 볼 때마다 어떤 안정감을 느낀다. 벌어진 틈과 각을 부드럽게 메우는 힘이 그에게는 있다. 요란스럽고 잡되지 않으나 그렇다고 심각 일변도 아니다. 흐르는 물처럼 높고 낮음을 다 안고 유유히 갈 뿐이다. 그의 시를 유난히 좋아했다. 최근 나와 같이 그의 시를 좋아한다는 사람들을 여럿 만나고 보니 기쁘기도 하고 은근히 부아가 나기도 한다. 감추어 두고 조금씩 아껴서 읽고 싶은 시편들이 너무 많기 때문이다.

시인의 말 첫 구절은 당시의 근황을 보여준다. '거의 십여 년 미시령을 넘어 다녔다.'라는 말은 만해문학관에 근무할 때 이야기일 터. 만해문학축전에 대해 여러 이야기가 있을 줄 아나 그 풍성함과 흥청거림을 잊을 수는 없다. 백담사 절집 긴 요사체에서 수많은 문인이 함께 먹고 자던 풍경도 그렇거니와 만해마을에서 주관했던 십여 년 이상의 문학축전은 며칠간 문인의 공화국이라 불러도 좋을 만큼 비할 데 없는 규모로 진행되었던 것이다. 전국에서 모여든 문인들의 숙소와 공양을 돌보고 행사 진행을 관장하는 일은 참으로 고된 일이 아닐 수 없었을 것이다. 그러나 이상국 시인은 언제나 부드러운 미소를 띠고 번거롭지 않은 말로 이 모든 것을 관장했으니 고마운 일이 아닐 수 없었다. 이 시집은 그런 의미에서 자신의 집 속초에서 만해문학관의 용대리를 오간 기록들이라 볼 수 있다. 새로 난 미시령 길을 거쳐 속초에서 용대리로 오는 길은 출퇴근

길로써 그리 먼 거리는 아닐 듯싶지만 설악을 끼고 멀리 바다를 눈앞에 둔 풍광은 꿈길과 같은 것은 아니었겠는가 생각해 보는 것이다. 세상에서 가장 아름다운 출퇴근길. 그러나 그것은 나 같은 얼치기들의 생각일 뿐 그의 시선과 관심은 전혀 다른 데 있었다.

'그곳의 사람 사는 마을들과 풍광'을 사랑하였다는 소박한 말 앞에 나는 고개를 숙인다. 그렇다. 그의 시에 등장하는 많은 풍광은 사람과 깊은 관련이 있다. 그러나 여기에서 끝나는 것이 아니다. '길이 지니고 가는 스스로의 치열함과 고립'을 또한 사랑하였다고 고백하는 장면은 〈시인의 말〉에서 압권이다. 속초와 용대리를 오가는 길 위에서 만난 사람살이 그리고 길의 치열함과 고립을 보여주는 한 편의 절창이 있다.

  북천北川에는 내 아는 백로가 살고 있다

  그의 직장은 물막이 보洑,

  물 웅웅거리는 어도魚道 옆

  부부가 함께 출근하는 날도 있지만

〈

　　보통은 혼자 일한다

　　다른 한쪽은 새끼를 돌보거나 집안일을 할 것이다

　　그는 고기를 잡는 것보다

　　하염없이 물속을 들여다보는 게 일인데

　　종일 무슨 생각을 하는지

　　그도 저녁이면 술 생각이 나는지

- 「그도 저녁이면」 전문

　백로를 의인화 한 위의 시 속에 밥벌이의 괴로움도 맞벌이 부부의 애환과 가장의 쓸쓸한 저녁도 모두 들어 있다. 또한 길에서 만난 풍광과 그 길이 빚어낸 치열함 그리고 고립이 모두 담겨져 있다. 세상을 살면서 겪게 되는 고단함의 언저리를 토닥거려주는 한 편의 시에서 큰 위로를 받게 된다. 백로가 하루 종일 "하염없이 물속을 들여다보는 게 일"이라는 시구에서 하루 종일 시를 생각하는 시인의 모습을 연상한다. 누군들 생활의 실제에 관심이 없는 사람이 있겠냐마는 시인처럼 물질로 환산되지 못하는 것들에 관심을 가지는 이들도 드물 것이다. 저 투명하고 집요한 시선. 특히 마지막 구절은 대상과 주체가 혼연 되어 범박한 일상 속에서 세상을 건너는 너와 내가 다르지 않음을 보여준다. 이상국 시인의 시가 대상에 대해 은근하고 따뜻한 시선을 보내는 이유다. 우리는 서로 다르지 않다.

시를 왜 쓰는가 하는 물음에 대해 이상국 시인은 다음과 같은 답을 들려준다. "사는 일은 대부분 상처이고 조잔하다//그걸 혼자 버려두면 가엾으니까//누가 뭐라든 그의 편이 되어주는 것이다//나의 시는 나의 그늘이다"(「그늘」 부분). 유유한 듯 보이지만 그의 시에 어린 결기의 근원은 바로 여기에 있다. "상처"와 "조잔"을 보듬고 상처 입은 자들의 편에 서는 일이 그에게 시라는 것이다. 나는 그의 편애를 존경한다.

'나는 마치 아침에 산속으로 들어갔다가 저녁에 바닷가로 나오는 바람과 같았다'라는 고백은 시적이다. 자신의 출퇴근 길을 묘사한 가장 아름다운 구절로 기억될 것이다. 이 시집을 읽다가 국수를 소재로 한 시편들을 모아 한 권의 시집을 내면 어떨까 생각한 적이 있었다. 기회가 되면 시인 백석으로부터 이상국 시인을 포함하여 국수와 관련된 시를 모아 보고 싶다. 어쩌면 쓸쓸하고 따뜻한 마음을 모아 보고 싶은 것인지 모른다. 피차 아무런 상관도 없는 사람들이지만 함께 배를 채우는 일을 이상국 시인은 늘 성스럽게 생각하고 있다. 여항에서의 삶을 단적으로 보여주는 것이 바로 장날 혹은 포장마차에서 한 그릇의 국수를 먹는 일이다. 본질적으로 모든 존재는 왔다가 가는 것, 즉 바람처럼 흩어지고 어디론가 가야 한다는 것을 뼛속 깊이 새기고 있지만, 그 길 위에서 만난 사람들에 대한 연민이야말로 이상국 시가 지닌 휴머니즘의 정점이라고 나는 생각한다. 값싸지만 따뜻한 온기를 감각적으로 전해주는 국수야말로 시인에게는 최고의 음식으로 여겨졌던 것이다.

    동서울터미널 늦은 포장마차에 들어가
    이천 원을 시주하고 한 그릇의 국수 공양供養을 받았다

    가다꾸리가 풀어진 국숫발이 지렁이처럼 굵었다

    그러나 나는 그 힘으로 심야버스에 몸을 얹히고
    천릿길 영嶺을 넘어 동해까지 갈 것이다
    〈

오늘 밤에도 어딘가 가야 하는 거리의 도반道伴들이

더운 김 속에 얼굴을 묻고 있다

- 「국수공양」 부분

저 심심하고 조악한 듯 보이는 이천 원짜리 국수 한 그릇의 공양이야말로 집으로 가는 힘의 근원이 된다. "어딘가 가야 하는 거리의 도반道伴들이" 그릇에 얼굴을 묻고 국수를 먹는 장면은 인간의 일생을 상징적으로 보여준다. 다들 어디론가 떠나고 시인도 영을 넘어 동해로 돌아갔을 것이다. 그리고 남은 시 한 편.

시인의 말 마지막은 쓸쓸하면서도 늠름하다. 그것이 시인의 길이기 때문이다. '길 하나가 집으로 돌아가고 시 몇 편이 남았다'. 그가 집이라고 할 때 거의 근원의 어느 세계를 떠올린다. 그의 시에 곧잘 등장하는 저녁과 겨울과 눈과 그늘과 밥상 모두가 집으로 돌아갔을 것이다. "나는 언제나 길 위에 있"었다는(「고독이 거기서」 부분) 그의 고백이 고해성사처럼 들린다. 고독했다는 고독해서 죄송했다는 고해성사를 마치고 후배들을 불러 면사무소 앞 허름한 술집에서 술을 내며 괜찮냐고 묻고 또 묻고 그러다 집으로 돌아갔을 것이다. 높지 않지만 자존과 인내의 온기로 지은 집으로 하염없이 돌아갔을 것이다.

이성복 시집
- 『뒹구는 돌은 언제 잠을 깨는가』(문학과 지성사, 1980)

〈자서〉

대개 78년 79년에 쓴 것들을 묶었다. 시집이 나오기까지 애써 주신 분들에게 조그만 기쁨이라도 되었으면 좋겠다.

이맘때 나는 어두워져 가는 들판에서, 문득 뒤를 돌아보는 망아지처럼…….

1980년 9월

이성복

이 〈자서〉는 이 한 권의 시집이 미친 영향에 비해 너무 간략하다. 80년대에 대학을 다니며 시를 공부하고 시를 읽었던 독자로서 두 명의 동시대 시인 이성복과 기형도의 울림은 너무 큰 것이었다. 더 구체적으로 말한다면 『뒹구는 돌은 언제 잠을 깨는가』, 『입 속의 검은 잎』, 이 두 권의 시집이 그러하다는 것이다. 기형도 시인의 시집은 유고 시집이니 더 이상 그의 시를 볼 수는 없었고 이성복 시인의 경우는 『남해금산』, 『그 여름의 끝』, 『호랑가시나무의 기억』, 『아 입이 없는 것들』 등, 그의 시집의 경로를 따라 내 젊은 날의 시적 방황도 함께 흘러왔음을 고백한다. 대학을 다니던 무렵 나는 이성복의 시집을 읽고 남해 금산을 가 본 적이 있었다. 가물가물한 기억이지만 김만중의 유배지인 노도를 거쳐 남해 금산을 올라가며 문학이란 무엇인가 하는 물음을 어린 생각으로 가늠해보았던 것이다. 당시 노도로 들어가는 배는 없었다. 선착장에서 기다리다가 들어가는 배 혹 나오는 배가 있으면 얻어 타고 들어갔다가 얻어 타고 나와야 했다. 노도 이장님 댁에서 밤새 대나무 우는 소리를 들으며 하룻밤을 새우고 나와 남해 금산으로 가면서 어쩌면 나는 간절히 시인이 되고 싶었는지도 모르겠다. '아프다'는 말의 현대적 의미를 나는 이성복 시인에게서 배웠다. 현대적 의미라는 말에 어폐가 있을지 모르겠으나 그렇게 생각하면서 오랜 시간이 흘렀다. 최근 수원문화재단이 주관한 〈노벨상을 다시 읽는다〉는 프로그램에서 까뮈의 『이방인』을 조재룡 교수가 발표하고 내가 질의를 맡게 되어 이방인에 대해 통상적인 이야기를 하겠거니 짐작하고 참가했다가 뜻밖의 이야기를 듣게 되었다. 까뮈와 실존주의에 대해 가장 잘 이해하고 있는 시인이 이성복이라는 것이었다. 불문학 전공이니 그럴 수도 있겠다 싶었지만 시 구절 하나하나를 들으며 설명해 줄 때 평론가의 눈은 또 다르게 절묘한 지점을 바라본다는 생각을 하게 되었다. 앞에서 말한 '아프다'는 말의 현대적 의미를 참 오랜 시간이 지나서 타인의 입을 통해 이해하게 된 경우이다. 그러고 나서 나는 이성복의 시를 다시 읽었다. 표지에 쓰인 시인의 글을 읽으며 정말로 정확하게 이해할 수 있다. '아프다'는 말의 의미를.

우리가 이 세상에서 자신을 속이지 않고 얻을 수 있는 하나의 진실은 우리가 지금 〈아프다〉는 사실이다. 그 진실 옆에 있다는 확실한 느낌과, 그로부터 언제 떨어져 나갈지 모른다는 불안한 느낌의 뒤범벅이 우리의 행복감일 것이다. 망각은 삶의 죽음이고, 아픔은 죽음의 삶이다.

시인의 말을 다시 펼쳐내면 아픔을 망각했을 때 삶은 죽음이 된다. 아픔을 끊임없이 직시했을 때 진실과 마주한다는 안도와 또 진실로부터 언제 멀어질지 모른다는 불안 이 두 감정의 복합이 행복감이라는 행복론이야말로 왜 시인이 아플 수밖에 없는가를 명쾌하게 이야기해 주고 있다. 어린 날 내 눈에는 왜 이런 글들이 눈에 들어오지 않았는지 모르겠다. 아픔의 망각이 삶의 죽음이라는 명명백백한 명제. "모두 병들었는데 아무도 아프지 않았다"(「그날」 부분).

  일상에서 벌어지는 온갖 부조리를 그대로 받아내는 그의 시적 정서가 어디에서 비롯되는가 하는 것은 문학 사회학적으로 쉽게 이해될 문제가 아니다. 개인적 소회를 말하자면 나는 그가 멀리 포로로 잡혀 온 자의 정서를 지니고 있었다고 본다. "우리는 어디에서 왔나 우리는 누구냐/우리의 하품하는 입은 세상보다 넓고/우리의 저주는 십자가보다 날카롭게 하늘을 찌른다"(「다시, 정든 유곽에서」 부분). 이성복 시인의 시에서 자주 마주하는 것 가운데 하나는 천국과 뿌리 뽑힌 자의 의식이다. 그에게 고향은 파주이고 벽제이고 상주이다. 다시 말하면 그에게 고향은 없다. 「꽃 피는 아버지」에서 손바닥만 한 언덕배기에 아버지가 지은 고추밭은 공사장 인부들에게 농락당하고 다시 땅 주인에게 몰수당한다. 뿌리 없는 가족의 전경은 여기에 그치는 것이 아니라 가족들로 하여금 전혀 새로운 세계, 좀 더 치밀하게 말한다면 의식의 세계로 침윤하는 모습을 보여준다. "성경聖經을 읽을 때마다 나와 누이들은 형이 기르는 약대였다 어느 날 형은 아버지보고 말했다 〈저 죽고 싶어요 하란에 가 묻히고 싶어요〉 안될 줄 뻔히 알면서도 형은 우겼다"(「가족풍경家族風景」 부분). 아브라함과 관련 깊은 "하란"이란 현실의 공간이 아니라 의식으로서의 공간이다. 그나마 현실을 가장 잘 감내하고 조정하는 어머니에게마저 현실은 녹록하지 않다. "무서워요, 어머니/—얘야, 나는 아프단다"(「모래내·1978년」 부분).

> 어느 날 엄마, 내가 아주 배고프고 다리 아파 목마른 논에
> 벼포기로 섰다면 엄마, 그 소식 멀리서 전해 듣고 맨발로
> 뛰어오셔 얘야 집에 가자 아버지랑 형이랑 너 기다리느라
> 잠 한숨 못 잔단다 집에 가자 내가 잘못했어 엄마, 그러시겠어요?
>
> 그러실 테지만 난 못 돌아가요 뿌리가 끊어지면 물을
> 못 먹어요 엄마, 제 이삭이나 넉넉히 훑어가시지요
>
> —「사랑일기日記」 부분

기독교적으로 말하자면 속죄양 의식이 그에게는 있었다. 뿌리가 잘린 가족들을 위해 목마른 논에 벼포기로 서서 엄마에게 자신의 이삭이나 "훑어"가라고 말하는 장면은 십자가에 달린 예수의 형상을 하고 있다. 그러나 현실로부터 완벽하게 유리된 이 상황은 처절하게 내면화된 까닭에 어떠한 화해의 기미도 찾을 수 없다. 이 실향의식은 유토피아의 상실과 맘먹는 것이다. "아들아 시詩를 쓰면서 나는 고향故鄕을 버렸다 꿈엔들 고향을 묻지 마라/생각지도 마라 지금은 고향故鄕 대신 물이 흐르고 고향故鄕 대신 재가 뿌려진다"(「아들에게」부분)라고 시적 화자가 아들에게 말할 때 어떠한 삶의 희망도 발견할 수 없다. 잿더미인 소돔과 고모라 성에서 살아가야 하는 아들에게 그러하다는 실존적 조건을 다시 들려줄 뿐이다. 그에게 출애급出埃及이란 "꿈속에서 한 편 영화映畵가"(「출애급出埃及」부분) 되는 것이며 "천국天國에 셋방을"(「출애급出埃及」부분) 얻는 것이며 "사랑받지 못하는 사람은 아직 욕정欲情에 떠는 늙은 자궁子宮으로"(「출애급出埃及」부분) 돌아가는 일이다. 바빌론의 포로였던 이스라엘 민족처럼 몇십 년을 광야에서 헤맬지라도 젖과 꿀이 흐르는 고향으로 돌아갈 수 있다는 믿음이 있다면 좋겠지만 이성복에게 돌아갈 고향은 없었다. "여기는 아님/여기 있으면서 저기 가기/여기 있으면서 저기 안 가기/여기 아님 거기 가기 거기 안 가기"(「몽매일기夢寐日記」 부분). 이 혼란과 부정이야말로 젊은 날 이성복의 정신적 그루터기임이 분명하다. 바빌론이 아님은 분명하나 애급을 떠나 거기로 가기 혹은 안 가기의 혼란은 아픔을 망각하지 않은 자에게 주어진 죽음의 삶 바로 그것이다.

그가 진정한 의식의 구원이 가능한지 여부를 타진하는 매개체는 시이다. "내가 나를 구원할 수 있을까/시詩가 시詩를 구원할 수 있을까"(「어째서 이런 일이 벌어졌을까」 부분)라고 독백처럼 내뱉었을 때 나와 시詩는 거의 같은 의미를 띠고 있다. 집요하게 벌어지는 일상을 타개할 유일한 힘, 여기가 아니라는 것을 증명할 유일한 무기가 그에게는 시가 아니었을까? 그러니 "내 시詩에는 종지부終止符가 없다/당대의 폐품廢品들을 열거하기 위하여?/나날이 횡설수설을 기록하기 위하여?"(「어째서 이런 일이 벌어졌을까」 부분)라고 통렬히 여기의 일상을 비판하는 것이다. 시란 비루한 일상을 기록하는 쓰레기 같은 것이 아니다.

　아들아 시詩를 쓰면서 나는 사랑을 배웠다 폭력이 없는 나라,
　　그곳에 조금씩 다가갔다 폭력이 없는 나라, 머리카락에

   머리카락 눕듯 사람들이 어울리는 곳, 아들아 네 마음속이
었다

   아들아 詩를 쓰면서 나는 지둔遲鈍의 감칠맛을 알게 되었다

   지겹고 지겨운 일이다 가슴이 콩콩 뛰어도 쥐새끼 한 마리

   나타나지 않는다 지겹고 지겹고 무덥다 그러나 늦게 오는
사람이

   안 온다는 보장은 없다 늦게 오는 사람이 드디어 오면

   나는 그와 함께 입장入場할 것이다 발가락마다

   싹이 돋을 것이다 손가락마다 이파리 돋을 것이다 다알리
아의 구근球根 같은

   내 아들아 네가 내 말을 믿으면 다알리아꽃이 될 것이다

   틀림없이 믿음으로 세운 천국天國을 믿음으로 부술 수도 있
다

- 「아들에게」 부분

  그가 〈자서〉에서 '이맘때 나는 어두워져 가는 들판에서, 문득 뒤를 돌아보는 망아지처럼……'이라고 말할 때가 바로 이런 순간은 아니었을까? 자신과 세계에 대한 무한한 연민, 그러면서도 "늦게 오는 사람"을 기다리는 절대 믿음, 그것을 가능하게 한 시에 대한 애증. 그는 아직 바빌론을 탈출한 한 마

리 약대가 되어 사막의 길을 걷고 있는지도 모른다. 모래바람 속에서 여기는 아니다 여기는 아니다를 악랄하게 되새기며 어두워져 가는 들판을 문득 돌아보다가 "사랑은 응시하는 것"이라고 웅얼거리며 또다시 모래바람 속으로 얼굴을 디미는.

박남철 시집
- 『반시대적 고찰』(세계사, 1999)

〈자서 I〉

평생에 집 한 채 세우기도 힘들다는데 벌써 집을 두(세) 채씩이나 세운다. 50만 명씩이나 들어가는 큰 시의 집은 못 지었으리라.

집의 이름은 〈오죽헌烏竹軒〉이나 〈낙선재落選齋〉로 붙이지 않고 『반시대적 고찰』로 붙였다고 해서 설마 니체적 사고를 읽는다거나 〈반시대적 고찰反時代的 古刹〉로 읽는 독자는 없으리라.

〈

  비슷한 〈이름〉은 많다. 그러나 아파트 내부의 〈살림〉은 다르다.

1988년 3월

박남철

〈자서 II〉

가고 오지 못한다는 말을
철없던 시절에 들었노라
만수산을 떠나간 그 내 님을
오늘날 만날 수 있다면
고락에 겨운 내 입술로
모든 얘기할 수도 있지만
나는 세상모르고 살았노라
나는 세상모르고 살았노라.

돌아서며 무심 타는 말이
그 무슨 뜻인 줄 알았으랴
제석산 흰 눈물이 그 내 님의

무덤에 풀이라도 태웠으면

고락에 겨운 내 입술로

모든 얘기할 수도 있지만

나는 세상모르고 살았노라

나는 세상모르고 살았노라

고락에 겨운 내 입술로

모든 얘기할 수도 있지만

나는 세상모르고 살았노라

나는 세상모르고 살았노라

나는 세상모르고 살았노라

나는 세상모르고 살았노라.

1998년 5월 3(4)일 묵동 169번지 소재 〈만남노래방〉에서

박남철

　이 시집은 1988년 한겨레 출판사에서 먼저 출판되었다. 김현 선생의 해설이 실릴 예정이었으나 박남철 시인의 거절로 송제홍의 해설이 실렸다. 그리고 10년 뒤 1999년 세계사에서 재출간 되었다. 그러니 〈자서 I〉은 한겨레에 실렸던 것이고 〈자

서 II〉는 세계사에서 재출간되면서 첨부된 것이라 볼 수 있다. 그리고 한겨레 출판 당시 거절하였던 김현의 해설이 붙어 있다. 〈자서 I〉은 시집 제목에 대한 자신만의 통찰을 담고 있는데 반해 〈자서 II〉는 소월의 시를 원본으로 하는 노래 「나는 세상모르고 살았노라」를 그대로 옮겨놓고 있다. 노래방을 병기해 놓음으로써 노래라는 것을 분명히 하고 있다. 박남철 시인은 종종 일상의 시선으로 보면 단순한 것을 복잡하게 치환시키고 복잡한 것을 통과하고 나오면 또다시 의외로 단순한 지경으로 우리를 이끈다. 여항의 그렇고 그런 어떤 국면에 대해서는 악랄하게 물어뜯고 거시적 국면에 대해서는 시큰둥한 반응을 보이기 예사이다. 그에게 실험시의 선두 혹은 진정한 리얼리스트 등의 관사를 얻는 것은 각각의 논리가 있을 터이다. 분명한 것은 그의 시적 발화는 대체적으로 은유 혹은 환유의 성격을 띠고 있기 때문에 곧이곧대로 받아들여서는 안 된다는 것이다. 〈자서〉 또한 그렇다.

'평생에 집 한 채 세우기도 힘들다는데 벌써 집을 두(세) 채씩이나 세운다'는 말부터가 그렇지만 시집을 집에 비유한 예는 자주 있어왔던 일이고 보면 별 의미를 둘 수 없을 것이나 '50만 명씩이나 들어가는 큰 시의 집은 못 지었으리라'는 발언은 그 의미가 분명치 않다. 첫째 50만 명이 뜻하는 숫자와 둘째 '못 지었으리라'는 의미가 뜻하는 바가 무엇인지 파악하기 쉽지 않다. 범박하게 읽으면 자신의 시집 독자가 50만 명이 되지 못한다는 의미로 이해되나, 워낙 느닷없는 발언이기에 한참을 생각하게 한다. 개인적 편견일지는 모르지만 시에 있어서 그는 명백한 인식을 가졌던 시인이다. 자신이 어떠한 작업을 하는지, 자신의 독자가 어떠한 부류인지까지도 명확하게 설명할 수 있는 몇 안 되는 시인이기도 하였다. 그러한 그가 50만 운운하는 것은 일종의 레토릭에 불과한 일이다. 이것은 어쩌면 그가 자주 사용하는 수법으로써 시행을 뒤집어 놓은 것처럼 시를 읽는 독자의 양상을 엎어놓은 격이다. "죽고 싶다는 것은 예술가의 본능이다. 하여 살기 위해 우리는 예술을 한다"(「김용배 -그는 서른네 살이었다」 부분). 각주 형태로 달린 이 글은 본능을 역행하고자 하는 그만의 예술론을 잘 보여 준다. 어쩌면 그의 시적 세계는 순행, 동화와는 정반대의 길을 간 것인지도 모른다. 그가 '〈살림〉은 다르다'고 힘주어 말했을 때 그의 길은 보다 분명하게 드러난다.

　워낙 세간의 호불호가 나뉘었던 그이고 보면 그를 애도하는 일 역시 안타까울 뿐이다. 우연찮게 말년의 박남철 시인이 안성의 변두리에서 해장국집을 경영하며 몇 년을 보낸 탓에 잦은 왕래가 있었다. 개인적으로 차로 십여 분 거리에 살았기 때문에 지나가다 수시로 들러 안부를 묻고 밥을 먹곤 하였다. 그가 안성에 내려와 얼마 지나지 않았을 때 일을 마치고 사무실에 들어오니 누군가 찾아왔다가 그냥 돌아갔다고 하였다. 주변에 있던 사람들은 호랑이 같은 사람이 예의 다정한 경상도 사투리로 내 근황을 묻고 돌아갔다는 것이다. 달필의 메모지가 남겨져 있었다.

'대식아 왔다 간다. 책상에 보니 백석의 책들이 펼쳐져 있고 무언가 쓰고 있는 것 같더구나. 열심히 공부하는 모습이 참 좋다. 곧 보자꾸나. 박남철.'

그렇게 부르면 가고 일이 있으면 연락하며 몇 년을 지내면서 기왕에 듣고 알아 왔던 그와는 다른 한 내면을 만나게 되었다. 김현 선생이 말한 외로움의 한 편을 보았다는 말이 옳을 것이다. 그러나 그 외로움은 언제나 그의 가슴 깊숙한 곳에 자리 잡고 있어 잘 드러나지 않는다. 그곳에 도달하려면 겨울 강 얼음 위의 돌처럼 얼음이 녹기를 기다려야 한다.

그가 보내준 시집 『반시대적 고찰』에는 김현 선생의 해설 가운데 이 부분에 밑줄이 그어져 있었다. 아마 생각할 것이 많았던 부분이었나 보다. 박남철 시인의 시적 진경이 때론 짧고 강렬한 서정시의 한 부분으로 펼쳐지는 일을 종종 보는데 그 단단한 외로움이 녹아내리는 한때였을 것이다.

    겨울강에 나가
    허옇게 얼어붙은 강물 위에
    돌 하나를 던져본다
    쩡 쩡 쩡 쩡 쩡

    강물은
    쩡, 쩡, 쩡,
    돌을 튕기며, 쩡,
    지가 무슨 바닥이나 된다는 듯이
    쩡, 쩡, 쩡, 쩡, 쩡,

    강물은, 쩡,

    언젠가 녹아 흐를 것들이, 쩡
    봄이 오면 녹아 흐를 것들이, 쩡, 쩡
    아예 되기도 전에 다 녹아 흘러버릴 것들이
    쩡, 쩡, 쩡, 쩡, 쩡,
    〈

겨울 강가에 나가

허옇게 얼어붙은 강물 위에

얼어붙은 눈물을 훑으며

수도 없이 돌들을 던져본다

이 추운 계절 다 지나서야 비로소 제

바닥에 닿을 돌들을,

쩡 쩡 쩡 쩡 쩡 쩡 쩡

- 「겨울강」 전문

  얼어붙은 겨울 강가에 던져진 돌은 단단한 저 세계에로부터 튕겨진다. 돌도 겨울강도 고통스럽기는 매한가지이다. "쩡"하고 내지르는 소리는 돌의 비명인가 겨울강의 비명인가. 어쩌면 그것은 시인이 살아가는 세계의 부조화가 빚어낸 실존적 비명은 아니었는지. 저 돌팔매가 시인이 세계에 던진 아우성이며, 겨울강이 시인의 얼어붙은 눈물이라면 그는 수도 없이 자신의 외로움에 자학적인 투신投身을 했던 것이다. 바닥에 닿을 때까지.

  〈자서 1〉의 오죽헌烏粥軒은 오죽헌烏竹軒의, 낙선재落選齋는 낙선재樂善齋의 말장난이다. 대학자 이율곡의 탯줄이 묻힌 곳과 이씨 황족들의 마지막 거처를 희화화시키고, 자신의 시집 제목을 자신만의 방식으로 정했다는 것은 자신의 시가 기존의 전통과는 이미 멀리 떨어져 있다는 것은 암시한다. 그렇다. 비슷할지는 모르지만 '내부의 〈살림〉은' 아주 다르다. 그 다름에 대해 독자들은 찬사와 경원을 동시에 보냈던 것이다. 저간의 사정을 그 자신도 잘 알고 있었다. 더러 우리는 너무 앞서갔다는 말을 하곤 한다. 개인적으로 그의 시가 그랬다고 나는 생각한다. 그에게 주어진 세상의 평가로서 상(賞)이라는 것은 너무 초라했다. 불교문예작품상을 받고 환하게 웃던 박남철 시인을 기억한다.

반시대적 고찰에 대해 니체는 이렇게 말한다.

> 이 고찰이 반시대적인 것은, 시대가 자랑스러워하는 역사적 교양을 내가 여기서 시대의 폐해로, 질병과 결함으로 이해하려 하기 때문이며, 또 심지어 나는 우리 모두가 소모적인 역사적 열병에 고통을 받고 있으며 적어도 우리가 고통을 당한다는 사실을 인식해야 한다고 믿기 때문이다.

박남철은 이러한 니체적 사고를 자신의 시집에서 읽지 말라고 권고하고 있다. 무비판적인 역사적 교양에 니체는 철저히 반기를 들었고 반역사주의자로 일컬어지기도 하였다. 소모적인 역사적 열병은 우리를 고통으로 몰아넣는다는 니체의 사고를 박남철의 시에서 찾아본다면 어떤 결론에 이를까? 정확히 일치한다고 말할 수는 없겠지만 우리 현대시 가운데 니체의 논리에 가장 근접된 시가 그의 시가 아닌가 하는 생각을 갖게 되는 것도 우연만은 아닐 터이다. 그는 다시 '반시대적 고찰反時代的 古刹'로 읽는 독자도 없으리라고 확신하고 있다. 겹겹의 회화화를 통해 자신의 의중을 의뭉스럽게 눙치고 독자로 하여금 더한 혼란을 야기한다. 그 오만한 흔적을 시집 104쪽에서 109쪽에 이르는 백지에서 발견할 수 있다. 110쪽과 111쪽에 이르면 독자들에게 백지를 그렇게 바라만 보지 말고 낙서라도 하라고 권하고 있다. 이 시집이 갖는 반전통적인 흔적은 너무 곳곳에 산재해 있는 까닭에 굳이 한 부분을 예로 들 필요가 없을 정도이다. 그는 말한다. 이 시집의 제목을 보고 자신의 시를 니체적 사고로 읽는 독자는 없을 것이라고.

어느 죽음일지라도 살아남은 자는 각자의 방식으로 추모하고 애도할 것이다. 한 편의 시를 그의 죽음 앞에 내려놓는다.

   2010년 어느 여름이던가
   시인 함기석은 이런 시를 썼다

백 년 후에 없는 것들(여러 시인의 이름이 나열되어 있었다)

오늘 겨울날의 저문 상갓집에 앉아 있다

고 박남철 시인

함기석의 예언이 너무 일찍 실현되었다

눈이 좀 더 내려야 하리

송이송이 이런 눈 말고 엉망진창의 진눈깨비

물속을 유영하던 한 마리 포유류가

뭍에서 한참 울다가 돌아갔다

타앙 타앙 물결을 거스르고 내리치던 오만한 꼬리를

가만히 내려놓았다

이마를 거쳐 콧등 그리고 목덜미로 흐르는 피

완강한 고래 한 마리가 홍해로 돌아갔다

끝내 고향 땅에

묻히고 말걸

그렇게 살고 말걸

이제 모두 다 안녕히

- 우대식, 「고래의 귀향」

고재종 시집
- 『사람의 등불』(실천문학사, 1993)

〈후기〉

 세 번째 시집을 엮는다. 나는 진정 시다운 시를 한 편이나 제대로 써낸 시인인가 하는 회의를 안고.
 아무도 농민 얘기를 쓰지 않으니까 농민 얘기를 계속 써내는 그 자체만으로도 너의 시는 이미 의미가 있다고 그 누가 말했던가. 그러나 오늘 내겐 그 격려도 결코 위안이 되지 못한다. 명색 농민 시인이라면서 농민의 생활감정과 사상까지를 깊게 천착하여 좀 더 나은 농민세상에의 꿈을 전망해내야 할 것 아닌가.

  현실 농민의 울분과 좌절만에 맴돌고 있는 나의 시가 일대 변혁을 기하지 않고서는 우루과이라운드의 쌀 수입 개방 협박에 처해 있는 벼랑 끝의 농민들처럼 나의 시도 조만간에 파탄에 이르리라.

  하여 이 세 번째 시집이야말로 그런 초조와 불안 속의 진정한 농민시를 위한 몸부림의 기록이다. 이를 계기로 좀 더 깊이 있고 희망이 있는, 그리하여 나락빛처럼 눈부신 내일을 담보하는 시를 쓰고 싶다. 숱한 농민이 오늘의 절망을 떨치고 일어서서 이 땅의 진정한 밥과 삶을 꿈꾸며 시시각각 싸우고 일하는 것처럼.

  실천문학을 통한 등단, 첫 시집 발간에 이어 이번 시집까지 다시 실천문학사의 은혜를 입고 보니 고맙고 감사할 따름이다. 좋은 시를 쓰는 것만이 그 정의에 보답하는 길이리라. 아울러 발문을 써주신 최두석 선생님께도 감사드리는바, 최 선생님은 내 첫 시집부터 관심을 가져주었던 분이다.

  세상에서 돈 되지 않는 일, 곧 농사와 시에만 신경을 쓰는 나를 탓하지 않고 스스로 경제전선에 뛰어든 아내 김용숙의 사랑과 그 바람에 부득이 이집 저집을 전전하게 된 아들 우석이 녀석의 고난에 나는 이 시집 한 권으로 미안함을 어찌 다

표현할 것인가. 어쩔 수 없이 눈시울이 젖어 든다. 하지만 농민은 우리 민족의 원형이다. 농민도 사람답게 사는 날이 올 때까지 난 농민 시인의 길을 포기하지 않을 것이다. 가을이 왔어도 더는 거둘 것 없는 이 땅이 어찌 말이나 되는가.

1992년 가을, 고재종

사람살이에 궤적이 있듯이 시인의 행로도 지나온 길을 조망해보면 나름의 천착과 변이의 굴곡을 만날 수 있다. 이 시집은 그가 고향인 담양에서 농사를 업으로 삼고 말 그대로 형설지공의 염으로 시를 쓰던 시기의 소산이다. 고재종 시인의 시를 워낙 좋아해서 곁에 두고두고 보아온 터였다. 개인적으로 낯을 가리는 소심한 성정 때문에 누구를 먼저 아는 척한다거나 연락한다거나 하는 일은 거의 하지 않는 편이다. 그러나 등단 후 제주도에서 고재종 시인을 만났을 때 나만의 생각이었겠지만 문학적 혈육을 조우한 기분이었다. 저녁나절 제주 용두암 에선가 술을 마시고 대취하여 어떻게 헤어졌는지 기억조차도 까마득한 일도 있었다. 그는 남도지방 특유의 부끄러움과 자존을 품성으로 지니고 있었지만 이래저래 찾아가는 나를 내치지는 않아 광주도 몇 차례 갔던 기억이 있다. 그 기억의 한 언저리. 남도 지방에서 가장 맛난 음식을 사 주마 고재종 시인이 나를 데려간 곳은 광주 외곽의 홍어집. 도회에서 그냥저냥 삼합 정도는 먹어온 터이고 보면 별다를 것 없겠다는 생각으로 자리를 잡고 앉아 한 점 먹었던 홍어의 맛은 기가 찰 노릇이었다. 코가 뻥 뚫리면서 눈물이 주르륵 흘러내렸다. 그러나 그 음식은 갈수록 가관이었다. 튀김이 나와 이는 덜 하겠지 생각했다가 큰코다쳤고 내장탕인 홍어 애국이 나왔을 때는 숟가락을 들 수조차 없었다. 아직 기억에 남는 이야기는 어린 날 시인의 어머니께서는 장터에 갈 적마다 당시 귀치 않게 여기던 홍어 내장을 얻어와 국을 끓여주었다는 것. 그 맛을 잊을 수 없다는 것. 이 시집에 실린 그의 시와 홍어 맛은 어떤 관계가 있을까, 혼자 생각해보는 것이다.

후기의 첫 줄 '나는 진정 시다운 시를 한 편이나 제대로 써낸 시인인가 하는 회의'에서는 어떤 지적 사치도 찾아볼 수 없다. 이 물음 앞에서 자유로운 시인이 몇이나 될 것인가? 다만 어떤 기준으로도 과연 시다운가 아닌가를 재단하기는 어려울 터이다. 그러나 또한 시다운 시는 너도 알고 나도 아는 바가 있다. 그러니 얼마나 주관적이며 또한 객관적인가? 이 모순 앞에서 베개를 가슴에 묻고 떨리는 마음으로 시를 쓰는 인사들이 시인이 아니겠는가?

뒤이어 나오는 농민시에 관한 소회는 90년대 리얼리즘 문학론의 한 축을 떠올리게 한다. '명색 농민 시인이라면 농민의 생활감정과 사상까지를 깊게 천착하여 좀 더 나은 농민세상에의 꿈을 전망해내야 할 것 아닌가'라는 발언은 농민문학 리얼리즘론의 핵심에 가닿은 발언이다. 생활감정과 사상 그리고 꿈의 전망 등은 사실적 리얼리즘론의 핵심 모티브라고 볼 수 있다. 그러나 리얼리즘시 논쟁 당시에도 서정시의 리얼리즘론이 소설에서와 같은 성취를 얻기는 힘들다는 것을 논자들도 잘 알고 있었다. 다른 말로 하면 세부 묘사 그리고 전형적인 상황과 인물의 묘사 등 리얼리즘 소설론을 시에 그대로 적용하기 어렵다는 것을 알고 있었다는 말이다. 염무웅 선생의 아래 논의는 그 어려움을 여실히 보여준다.

> 리얼리즘이 시와 무관하다고 생각하지 않는다. 다만 직접적으로 나타나지 않고(소설을 중심으로 해서 발전된 리얼리즘의 방법론으로 해석되는 것은 불가능하고 다른 방법에 의해서 가능해질 것이라는 의미로) 다른 방법에 의해 가능해질 것이다. 예컨대 풍자시 등은 리얼리즘에 가까운 형태로 나타나며 서사시는 리얼리즘에 가장 근접하기 쉬운 형식이다.
> - 염무웅, 「리얼리즘의 역사성과 현실성」,
> 『문학사상』, 1972, 10, 219쪽

이 시집의 해설을 쓴 최두석 선생은 소위 이야기시를 통해 시의 리얼리즘론을 주장했던 것으로 유명하다. 최두석 선생은 특별히 서사성에 대해 깊이 천착하고 있는데 그 원인은 서사성의 강화가 전형성을 갖도록 시적 대상을 형상화하는 인자가 된다는 것이다. 또한 서사성이 사회 현실문제에 대한 창작적 대응력을 갖는 데 긴요하고, 이러한 전형을 이야기시에서 찾을 수 있다고 주장한 것이다. 앞의 염무웅 선생의 논의 가운데 서사가 리얼리즘을 강화시켜준다는 논의와 맥락이 통한다. 이 시집의 해설 제목은 「농민시와 리얼리즘의 성취」다. 이 시집을 바라보는 눈도 이러한 논의에서 멀지 않다. "소설이 아니고 시에서, 특히 단시에서의 서사가 양보다는 질이 문제임은 자명하다. 그 점은 서사가 시로서의 어감이나 운율을 살리는 방향에서 구사되어야 한다는 말도 되지만 얼마나 밀도 있는 서사인가의 문제이기도 하다."고 밝힌 최두석 선생의 논의가 바로 그것이다. 고재종 시인의 여러 시편에서 "묘사에 서사가 효과적으로 스며들어 있는 경우"를 들어 시집을 해설하고 있다.

　이심전심이랄까, 최두석 선생의 논의와 고재종 시인의 후기는 상호 조응하는 바가 있다. '농민시를 위한 몸부림의 기록'이라고 말한 고재종 시인의 시집 후기와 시인과 각성된 농민으로서 모순된 농촌 현실과의 다양한 상호관계를 유의미하게 형상화한 농민시의 당당한 전진이라는 최두석 선생의 평가는 이 시집을 규정하기에 부족함이 없을 듯하다. 그러나 사람마다 다르겠지만 어떠한 학구적 논의도 시를 읽는 재미 혹은 감동을 넘을 수는 없다.

> 설코기로 나눌 돼지를 잡고도
> 한사코 회한과 허망함으로 떨던 저물녘
> 눈은 동구 밖 주막집의 막걸리 잔에나 붐비더니
> 귀향할 살붙이들 길 걱정되는 이 밤에
> 눈은, 플래시불을 밝히고 광에 나가
> 나락씨며 토란씨며 각종 씨오쟁이를 살피고 나오는
> 아버지의 호호백발 위에 지천으로 붐비나니
> 눈이여, 쓸쓸하고도 따뜻한 노여움의 눈이여
> 나는 봄에 빚은 매실주 한 병 챙겨 들고 네 속을 걸어
> 고향을 뜨겠다는 참등집 석현 형 그예 말리러 가누나
>
> ―「세모의 눈」전문

이 시를 처음 읽었을 때, 오래전이지만 따뜻한 감동을 받았다. "쓸쓸하고도 따뜻한 노여움의 눈"은 우리의 신산한 삶을 덮고 가난한 삶의 상처에 연고처럼 스며 혼자 울고 있는 자

를 다독여주는 것이다. 그것은 그가 꿈꾸는 세상과 깊은 관련이 있다. "너와 나 세상의 대지 위에 내려야 한다"(「눈 내리면」 부분)에서 볼 수 있는 것처럼 그가 꿈꾸는 세상은 바로 사람살이의 바탕이 되는 빛나는 대지를 지향하고 있기 때문이다. 그러니 아무리 추운 겨울이라도 "너 있어 내 겨울 따뜻하여라"(「겨울 논에서」 부분)라고 노래하는 것이며 못난 사람들에게도 조국보다 따뜻한 주막(「따뜻한 주막」 부분)이 있다고 읊조리는 것이다. 나아가 "흙에서 왔다 흙을 일구다 올 거둔 햅쌀밥 먹고"(「눈부신 길」 부분) 저세상으로 떠나는 농부의 일생을 눈부신 길이라고 가슴 벅차게 형상화 한 것이다. 이 시집에서 그의 분노는 농사꾼으로서 이 땅 위의 노동이 천시되는 현실에 대한 질타이며 진정한 밥의 의미는 무엇인가에 대한 성찰에서 비롯된다.

'나락빛처럼 눈부신 내일을 담보하는 시를 쓰고 싶다'는 말은 농민이자 시인으로서 이 시집 후기에서 가장 빛나고 쓰린 자기 고백이다. 생각만 해도 얼마나 흥겹고 아름다운 풍경인가. 가을 햇살 아래 나락이 띠는 빛깔이란 농경으로 몇천 년을 살아온 우리 민족의 원형적 욕망의 빛깔이 아니고 무엇이겠는가? '진정한 밥과 삶을 꿈꾸며' 살아온 숱한 농민의 삶이 우리 역사의 근간임에도 불구하고 그들의 삶이 천시되고 하대 받는 이 땅의 현실에 대한 분노를 정직한 분노라 칭할 만하다. 농민도 사람답게 살아야 한다는 어쩌면 시대와 유리된 듯한 발언이 불과 25년 전 눈빛 형형한 시인의 입에 나왔다는 것은 고마운 일이 아닐 수 없다. 문학이 살아 있다는 하나의 징표라 아니할 수 없다. 왜 이 시집의 제목이 『사람의 등불』인 줄 알만하다. 그 쓸쓸하고 따뜻한 지상의 노래를 한 번 더 쓰다듬어 본다.

> 저 뒷울 댓이파리에 부서지는 달빛
> 그 맑은 반짝임을 내 홀로 어이 보리
>
> 섬돌 밑에 자지러지는 귀뚜리랑 풀여치
> 그 구슬 묻은 울음 소리를 내 홀로 어이 들으리
>
> 누군가 금방 달려들 것 같은 저 사립 옆
> 젖어 드는 이슬에 몸 무거워 오동잎도 툭툭 지는데
>
> 어허, 어찌 이리 서늘하고 푸르른 밤
> 주막집 달려가 막소주 한 잔 나눌 이 없이
> 마당 가 홀로 서서 그리움에 애리다 보니

〈

울 너머 저기 독집의 아직 꺼지지 않은 등불이

어찌 저리 따뜻한 지상의 노래인지 꿈인지

- 「사람의 등불」 전문

김영승 시집
- 『무소유보다도 찬란한 극빈』(나남, 2001)

〈자서自序〉

일제시대 중국 상해엔 '화기花妓'라고 하는 '눈먼 창녀'가 있었다. 고급 청루靑樓의 주인들은 전국을 돌며 가난한 집의 아주 어린, 예쁜 소녀들을 사들여와 호의호식, 공들여 사육(?)했다. 그리고 눈을 멀게 하는 약을 먹여 서서히 눈을 멀게 만들었다. 포동포동 살이 찌고 하얗게 눈이 멀면 '화기花妓'는 완성된다.

나는 내 스스로 '가난한 집의 아주 어린, 예쁜 소녀'인 '나'

를 사들여와 그러한 '눈을 멀게 하는 약'을 먹었다. 그리고 '화기花妓'가 되었다. '눈먼 창녀'로서의 나는 아무것도 볼 수 없었던 것이다. 나의 시詩는 그렇게 '눈을 멀게 하는 약'으로서의 '독毒'이며 동시에 그러한 '독毒'을 해독하는 해독제로서의 '약藥'이기도 하다. 나는 그렇게 관능官能의 주체였으며 동시에 객체로서의 시인詩人이었던 것이다.

'눈먼 창녀'여, '관능의 화신'이여! 나는 즐겁고, 그리고 장엄莊嚴하다. 내가, 칠흑漆黑의 그 모난 자갈밭을 두 무릎으로 기며, 그 두 무릎으로 더듬듯 쓴 시詩를 나는 또 점자點字처럼 더듬고 운다. 당할 '성적 학대'를 다 당하고, 그리고 나는 '집'으로 돌아갈 것이다.

나는 태어나서 지금까지 내 자신이 가난하다고 생각해본 적은 단 한 번도 없다. 앞으로도 그럴 것이다.

작품 배열은 장고長考 끝에 '아무렇게나' 했으니 부디 '아무렇게나' 읽어주기 바란다.

너무 오랫동안 무슨 마른 '북어北魚 대가리' 같은 삶을 살아서 그런지 어떤 부드러움, 부드러운 육체와 영혼과의 스킨십이 조금은 그리웠나 보다. 좌우지간 7년 만에 일곱 번째 시집이라니⋯ 폐일언하고 눈물겹다. 시집을 냄으로써 나는 겨우 이런 式으로 내가 그리워(?)한 이 세상과의 스킨십을 할 뿐이다.

"잘 먹고 갑니다…"

음식을 먹고 각자 음식값을 지불하듯 이 지상地上에 머무는 동안 나는, 아니 나도 겨우 이런 식式으로 더치페이를 할 수 있는 것이다. 아니 나는 이런 식式으로 스킨십을 하며 이런 식式으로 더치페이를 한다. 나는 당당堂堂하다.

…하염없이 삐꺽이는, 내 육체와 정신의 고루거각高樓巨閣, 그 아득한 망대望臺에서 아아, 꽝꽝 얼어붙은 내 참혹한 육체와 정신의 그 푸른 백야白夜에서, 나는 드디어 내 영혼의 강력한 극광極光을 발發한다!

부디 용서하소서… 나는 그저 기도할 뿐이다.

별이 쏟아지고, 그리고 나는 쏟아지는 별을 나의 두 '눈'으로 바라보고 서 있다. 내 눈동자가 이미 그리고 온통, 나를 바라보는 한 아름다운 소녀의 눈동자 같다. 별빛이 나의 전신全身을, 그 앙상한 전라全裸의 전신全身을 도금鍍金하는 아름다운 가을밤이다.

2001년 9월

김영승

유독 긴 자서다. 사족이 필요 없는 자서다. 자신의 시에 대한 내력을 풀어 놓았기에 그저 산문처럼 읽으면 되겠거니 생각할 수도 있지만, 그러나 내용은 그리 만만치가 않다. 세계에 대한 분명한 철학이 그에게는 있다. '나는 당당堂堂하다'고 그가 말할 때 그것은 다만 문학적 치기가 아니다. 그는 사이비가 아니다. 그는 자신의 시가 무엇을 말하는지, 어디에 도달해야 하는지를 명백히 알고 쓰는 시인이다. 감성의 우연에 기대는 시인과는 차이가 크다. 세계관이 명백하기 때문에 그의 시는 오히려 좌충우돌이 가능하다. '관능官能의 주체였으며 동시에 객체로서의 시인詩人'이라는 자기 고백은 그가 마주한 이율배반으로서의 세상살이와 그 맥락을 같이 한다.

 나의 시詩는 그렇게 '눈을 멀게 하는 약'으로서의 '독毒'이며 동시에 그러한 '독毒'을 해독하는 해독제로서의 '약藥'이기도 하다.

 저 고백은 사실 얼마나 끔찍한가. 독과 약의 성분을 모두 가진 아편과 같은 속성으로써의 시. 이 지상에서의 삶이 끝없이 독을 주사하고 그 독을 해독하는 과정이라면 이 업業은 종교적 명제까지 떠올리게 한다. 시를 향해 걸어가는 그의 걸음은 슬행膝行, 즉 무릎으로 걷는 걸음이다. 그러니 오체투지보다 더 어렵지 않겠는가? 이 자서를 읽으면서 인간 존재의 저 깊은 슬픔을 불러일으키는 부분은 성적 학대를 다 당하고 '집'으로 돌아가겠다는 다짐이다. 종교적 연원을 떠올리게 하는 '집'으로의 귀향은 이토록 고통스럽다. 그가 그토록 당당堂堂한 이유가 집이 있기 때문인가. 당당堂堂과 집.

이 시집의 많은 부분은 가난에 대해 말하고 있다. 그가 말하는 가난은 물질에서 출발하지만 가난에 대한 대응방식을 통하여 그가 도달한 가난의 요체는 '무소유보다도 찬란한 극빈'이다. 자신의 피를 말린 극악한 극빈에 그가 자신의 인생 전체를 걸고 대항하여 이룩한 '찬란한 극빈'은 자본주의나 사회주의와 같은 이념의 공간이기도 하다. 개인의 영토이기에 공화국은 아니겠지만, 설령 공화국이라도 그 영토에 살려는 사람이 없을 것이지만, 분명 형형하게 불을 밝힌 영토임이 분명하다. "명령이다/극빈", 혹은 "반역이다 극빈"(「극빈」 부분)이라는 선언은 그 영토의 헌법과도 같은 명제다. 그 영토가 낙원의 가나안 땅이 아님은 분명하다. "황원荒原의/body language"(「극빈」 부분)라고 스스로 말했듯 어쩌면 '찬란한 극빈'은 말도 안 통하는 거친 땅에서의 몸부림과도 같은 것이다. "그 말이 옳다 소위 '가난'/하지 않았다면 우리 사이에 무슨/싸울 일이 있겠느냐"(「인생」 부분)라고 말할 때 그가 혹 가난에 굴복한 것은 아닐까 생각하다가도 "또한 가난해서 불편한 것이/부끄러웠던 적도 없었다 나는"(「인생」 부분)이라는 시구절을 보면 찬란하고 당당한 그의 영토를 생각하는 것이다.

> 내가 입은 옷은 상복 한 벌 뿐
> 누더기 상복 한 벌만 입고 살았구나
> 얼핏 보면, 넓은 도포 자락 펄럭이며, 고개 숙이고 타박타박
> 곡哭하며 걷는 내 모습을 볼 수도 있었건만
> 상복을 입고 목욕탕에 갔고, 상복을 입고 여관에 갔고
> 아아, 나는 상복을 입고 결혼식을 치렀네
> 상복을 입고 술집에 갔고, 상복을 입고 전철을 탔으며
> 상복을 입고 수음을 했네, 그렇게 젊음은 갔구나
> 나는 죄인이었으므로, 그렇게 돌아다녔네, 굵은 삼베 상복
> 서걱이며 출근을 했고,
> 사람들은 그러한 나를 전혀 몰랐구나
> 꽃잎이 진다, 폭죽爆竹처럼, 함박눈처럼 하얀 꽃잎이
> 펑펑펑펑펑 쏟아진다, 흩날린다, 아득하게 폭설暴雪처럼
> 상복이 진다. 찢어져 흩날린다, 내 몸이, 내가, 흩날린다,
> 그때까진

죽지 말자, 먼저 죽지 말자, 그 천상天上의 예복禮服을

벗지 말자, 강풍强風이

내 야윈 알몸을, 휘감는다

강철鋼鐵 채찍처럼

-「옷」부분

  그 영토의 평상복은 상복이다. 굴건제복의 입고 일생을 살아왔다는 고백은 한 남자의 백척간두에서의 삶을 보여준다. 아슬아슬한 지경에서의 삶을 살아오면서도 다 찢어져 흩날릴 때까지 상복을 벗지도 않고 죽지도 않겠다는 다짐은 세계에 맞서는 그의 결의를 보여준다. 세계는 강풍과 강철 채찍처럼 그의 몸을 휘감지만 그가 공손하게 머리 숙이는 일은 없을 것이다. 찬란한 극빈이라는 이념의 창시자로서 그는 무릎으로 기어 여기까지 왔지만 무릎 꿇은 일은 없을 것이다. 그러나 한편으로 그가 이 세계에 대해 이렇듯 오만하게 싸울 수 있는 힘을 다음과 같은 시에서 만나게 된다. "그저 죄송합니다, 나와 함께 있었던, 있는, 있을/여인이여//그 종신형終身刑의/나의 아내여"(「'있음'에 대한 참회」부분). 누구에겐가 참회할 수 있는 마음을 가졌다는 것, 그렇게 아내에게 손을 내밀 때 찬란한 극빈은 태양처럼 도도하게 빛을 발한다.

함민복 시집
- 『모든 경계에는 꽃이 핀다』(창비, 1996)

⟨후기⟩

 뱀처럼 징그럽고 **빠른** 세월이 지나갔다. 3년 사이 전농동 시장, 양주군 산골, 금호동 한강 변, 신림동 하숙촌을 지나 이제 강화도에 와서 시집을 묶는다. 이곳 강화에서 좀 오래 살았으면 좋겠다. 구르는 돌처럼 떠돌아 이끼도 끼지 못한 가슴에 푸른 이끼 한 소댕 푹신 앉을 때까지 머물렀으면 좋겠다.
 뒤돌아보면, 물길 따라 흐르는 물소리의 길을 귀로 재잘재잘 걸어온 세월이 아득하다. 그렇게 갓길을 살아온 날들의 여독을 여기에 묶는다. 칠십 편의 마음 발자국.

물속에 사는 열매인 물고기

마음속에 사는 마음 고기떼

1996년 9월 강화도에서

함민복

  십여 년을 훌쩍 넘긴 이야기다. 강원도 치악산 자라치에 사는 정용주 시인이 산속에서 결혼을 한다는 소식을 듣고 작은 내를 네 개나 건너고 산을 올라 그의 움막에 들어섰을 때 어두운 토방 한쪽에 웅크리고 있다 환하게 웃으며 인사를 건네는 이가 있었다.

"어 왔어. 들어와. 다 왔네"

  조카의 혼인에 참례한 듯 앉아 있던 이가 함민복 시인이었다. 야생화를 꺾어 든 신부가 입장할 때 예쁘다고 소리를 친 이도 아마 그였을 것이다. 가을날의 하늘은 나이 든 신랑 신부를 부끄러워 얼굴도 못 들게 만들었다. 가마솥에 돼지고기가 끓고 머리 고기 몇 점에 술이 돌기 시작할 무렵 일이 있어 내려가야 한다면 땅거미 지는 산길을 터벅터벅 짚어 가던 그의 뒷모습에서 어떤 우수를 느꼈던 것도 사실이다.

시집 〈후기〉는 그가 걸어온 삶의 여정을 여실히 보여준다. 이 시집은 '뱀처럼 징그럽고 빠른 세월'의 이야기를 담고 있다. '뱀처럼 징그러운' 이야기는 지긋지긋하다는 말과는 뉘앙스가 다르다. 물리적으로 힘들다는 의미를 포함하고 있음은 사실이겠으나 감각의 섬모를 불러일으켜 다른 세계로 언어를 끌고 가는 힘이 그 안에는 있다. 다른 세계로의 전이 속에는 그의 가공할만한 정신력이 바탕이 되어 있음은 다시 말할 필요가 없을 터이다. 어떤 시인이라도 생활로부터 소환당하지 않는 이는 없다. 그 생활로 인해 시와 전혀 다른 길을 가기도 하고 문장의 변화에까지 이르기도 한다. 그러나 그는 마치 화두를 잡고 무문방에 들어앉은 청정한 수도승처럼 생활이라는 둘레에 쌓여 있음에도 시를 벼르던 한 시절을 지나왔다. '뱀처럼 징그'러운 시간을.

아무리 하찮게 산

사람의 生과 견주어보아도

詩는 삶의 蛇足에 불과하네
〈

시를 만나다

하나,

뱀의 발로 사람의 마음을 그리니

詩는 사족만큼 아름답네

- 「詩」 전문

　함민복 시인이 진정한 시인이라는 것을 새삼 느낄 때가 있다. 어떠한 하찮은 삶이라도 시보다는 위대하다는 절실한 고백을 만났을 때, 그럼에도 사족 같은 시를 마음에 담고 슬프고 아름다운 이야기를 써 내려가겠다는 떨리는 결의를 마주했을 때가 그렇다. 이러한 문학적 태도에 자만과 오만이 있을 리 없으며 눈에 도는 형형한 광기는 지워질 리가 없을 터이다. "詩는 사족만큼 아름답"다는 내적 고백은 시에 대한 수다한 정의가 있어 왔지만 시인이 내린 정의로써는 으뜸이라 아니할 수 없다. 삶이라는 거시적 관점에서 볼 때 시란 사족 같은 것일망정 그 볼품없는 사족이야말로 시의 가치라는 통찰은 철학적인 측면을 내포하고 있다. 그랬을 때 아래와 같은 절창의 시가 나오는 것이다.

詩 한 편에 삼만 원이면

너무 박하다 싶다가도

쌀이 두 말인데 생각하면

금방 마음이 따뜻한 밥이 되네

시집 한 권에 삼천 원이면

든 공에 비해 헐하다 싶다가도

국밥이 한 그릇인데

내 시집이 국밥 한 그릇만큼

사람들 가슴에 따뜻하게 덮여줄 수 있을까

생각하면 아직 멀기만 하네

시집이 한 권 팔리면

내게 삼백 원이 돌아온다

박리다 싶다가도

굵은 소금이 한 됫박인데 생각하면

푸른 바다처럼 상할 마음 하나 없네

- 「긍정적인 밥」 전문

"쌀 두 말", "국밥 한 그릇", "굵은 소금 한 됫박"은 전근대적 관점에서 보자면 물물교환 시대에 절대 가치의 상징들이다. "삼만 원", "삼천 원", "삼백 원"이라는 교환가치의 척도는 인간과 물질의 원초적 관계마저도 파괴해 버린 것이다. 시인의 통찰은 이런 지점에서 빛난다. 그가 의식을 했든 안 했든 간에 인간과 물질의 원초적 관계를 회복시키고자 하는 시정신을 이 시는 보여준다. 진정한 밥을 향한 길이 아직 멀기만 하다는 고백은 자신의 시가 가야 할 길이 멀다는 것과 등가의 의미를 가진다. 시가 인간 세상에 접속하는 지점은 매우 다양할 터이지만 이토록 쪼잔하고 범속한 듯 보이면서도 사람들의 어둡던 마음에 등을 달아주는 장엄함에 접속한 시는 많지 않다. 그리고 그 모든 것을 긍정적인 밥이라 했다. 이 어수룩한 듯 보이는 낙관주의 속에 대교약졸의 형상으로 그의 원용한 사상이 박혀 있다. 그것의 출처가 학문이나 수도가 아니라 여항의 거리였다는 사실은 우리 같은 독자들에게 더없는 축복이라 할 수 있다. 전농동 시장, 양주군 산골, 금호동 한강 변, 신림동 하숙촌에서 강화도로 이어지는 여정은 걸어 올린 돌멩이를 갈고 닦아 달도 만들고 별도 만들면서 걸어온 길이었다.

    똥차가 오니 골목에

생기가 확, 돕니다

비닐봉지에 담겨

골목길 올라왔던 갖가지 먹을 것들의 냄새가

시공을 초월 한통속이 되어 하산길 오르니

마냥 무료하던 길에

냄새의 끝, 구린내 가득하여

대파 단을 든 아줌마가 코를 움켜쥐고 뜁니다

숨참은 아이가 숨차게 달려 내려갑니다

부르르 몸 떨며 식사 중인 똥차의 긴 호스 입 터질까

조심, 목욕하고 올라오던 처녀가 전봇대와 몸 부딪쳐

비누갑 줍느라 허둥대는

살 내음

라일락꽃에 걸쳐 있는 코들도 우르르 쏟아지고 말아

-「금호동의 봄」전문

  그가 한때를 살던 금호동의 봄날을 그리고 있다. 금호동, 행당동으로 이어진 산동네는 별을 가장 잘 볼 수 있는 동네였다. 어쩌다 삼륜 용달차 한 대가 지나가면 용기 있는 아이들이 차 뒤에 매달려 먼 곳까지 갔다 왔다는 터무니없는 전설이 난무하고 똥차가 호스를 댈 수 없는 높은 집에는 똥지게를 지고 나르는 일이 일상인 동네였다. "생기가 확" 돈다는 말속에 사람살이에 대한 따뜻한 긍정이 서려 있다. 먹고 살기 위해 소중히 가지고 올라왔던 것들이 한통속에 되어 내려간다는 진술은 여항의 누추함을 살아온 자의 통찰이라 할 수 있다. 현대적 삶이란 우리의 일상을 더 나누고 갈라 분절적으로 만드는 것에 다름 아니다. 이 촘촘한 분절을 하나로 통합해내는 유쾌한 시각이 이 시의 압권이다. "아줌마", "아이", "처녀"로 대변되는 산동네 사람들의 생생한 일상이 쏟아져 내리는 "라일락꽃"과 겹치며 산동네의 봄을 생명력으로 가득하게 만들어 놓고 있다.

〈후기〉에 '뒤돌아보면, 물길 따라 흐르는 물소리의 길을 귀로 재잘재잘 걸어온 세월이 아득하다'라고 적고 있다. 쉬운 말 같지만 읽을수록 만만치 않다. '흐르는 물소리의 길을 귀로 재잘재잘 걸어온 세월'이란 어떤 세월일까? 그는 다시 말한다. '갓길을 살아온 날들'이라고. '갓길'의 쓰라림과 '갓길'의 농濃과 '갓길'의 사랑이 그것이라 할 수 있다. '갓길'의 쓰라림 그 정점에 어머니가 있다.

어머니 가슴에 못을 박을 수 없다네

어머니 가슴에서 못을 뽑을 수도 없다네

지지리 못나게 살아온 세월로도

어머니 가슴에 못을 박을 수도 없다네

어머니 가슴 저리 깊고 푸르러

- 「가을 하늘」 전문

  가을 하늘같이 푸른 어머니의 가슴에 박힌 상처의 기원이 자신이라는 것은 견딜 수 없는 슬픔을 불러온다. "지지리 못나게 살아온 세월"이 바로 '갓길을 살아온 날들'이다. 어머니 가슴에 못을 뺄 수도 박을 수도 없다는 괴로움의 실체는 그의 절창 「눈물은 왜 짠가」의 서사에 잘 나타나 있다. "내 투가리로 어머니 투가리를 툭, 부딪"치며 내는 소리란 '갓길'의 슬픔이 응축된 소리였다 할 것이다. 가을하늘을 볼 때마다 어머니 가슴에 박힌 뽑을 수 없는 못을 바라본다는 것은 가슴 한쪽에 슬픔의 운명을 귀처럼 달고 살아야 한다는 것을 의미한다.

그러나 그에게는 슬픔 말고도 '갓길'의 농#이 있었다. 아마도 이 농이 없었다면 함민복 시인의 시는 엄숙주의로 빠졌을 법하다. 이 또한 여항의 괴롭고 힘든 상황 속에서도 발휘되는 기지와 해학이 그 기원이 되었을 것이며 그 특유의 긍정의 세계관도 여기에서 비롯되었을 터이다. '이곳 강화에서 좀 오래 살았으면 좋겠다'라는 그의 소원은 이루어졌다. 여의도 사학연금회관에서 있었던 그의 결혼식 주례는 소설가 김훈 선생이었다. 그의 시 「푸른 山」에서는 김훈 선생의 『풍경과 상처』에 나오는 한 구절을 인용하고 있다. "머리통이 떨어져 나간 돌부처는 머리 위로/무한 천공이 이네". 나이 먹은 신랑의 멋쩍음과 김훈 선생의 해학적 주례는 식장을 웃음바다로 만들었다. '구르는 돌처럼 떠돌아 이끼도 끼지 못한 가슴에 푸른 이끼 한 소댕 푹신 앉을 때까지 머물렀으면 좋겠다'는 그의 바람은 세속적 욕망과는 거리가 있다는 생각이다. 저 유목의 고단함을 덜어내고 이미 너무 오랜 시간이 흘렀지만 어머니 가슴의 못을 빼기 위해 안간힘을 쓰는 일과 사족으로서의 시에 매진하고자 하는 바람이 담겨 있다. '마음속에 사는 마음고기 떼'의 행방을 찾아 그는 강화도 바닷가에 서 있을 것이다. 그를 비웃던 장미꽃도 이제 그 비웃음을 그쳤으리라.

불알이 멈춰 있어도 시간이 가는 괘종시계처럼

하체에 봄이 오지 않고 지난한 세월을 출근한 얼굴

장미꽃이 그 사내를 비웃었다

너는 만개하지 못할 거야

그 후, 시든 장미꽃이 다시 그 사내를 비웃었다

그래도 나는 만개했었어

-「구혼」 전문

박용하 시집
- 『바다로 가는 서른세 번째 길』(문학과 지성사, 1995)

〈自序〉

그러나,

그럼에도 불구하고,

미래와 모험에 모든 적금을 붓는다

95. 5. 31. 파라호에서

박용하

이 시집을 읽으면서 청년의 끝을 보냈다. 잠언과 예언 같은 발화들 그리고 성스런 7번 국도를 순례하는 자로서의 겸손과 자만이 그만의 영성과 함께 거친 숨을 몰아쉬고 있는 생생한 시집. "나는 길 위에 서면 무한한 성욕을 느낀다"(「로드 무비」 전문)라고 그가 툭 내뱉었을 때 나 자신도 늘 길 위에 있다고 생각하며 살았지만 성기가 자꾸 쪼그라들던 시절이었다. 아마 그 시절부터 그를 알았더라면 그는 내게 따뜻하게 말해주었을 것이다. '대식 씨 성욕과 발기는 다른 거야. 괜찮아.'

박용하 시인의 자서는 비장하다. 접속사의 나열, 분명한 역접의 접속사를 거듭 쓸 수밖에 없는 저간의 사정을 시인된 자로서 어찌 모르겠는가? 사실 거듭된 역접의 접속사는 절체절명에 놓인 그 무엇의 수사로 이만큼 적절한 것도 없으리라. 그가 든 적금은 '미래와 모험'이다. 보이지 않는 것에 일괄 배팅. 무섭다. 그러니 그가 지나간 길 혹은 지나갈 길은 대지진으로 갈라졌거나 갈라질 것이다. 그는 예언자처럼 자신 앞의 모든 길을 가르고 명명하고 호명한다. 어쩌면 이 시집은 길 위에서 썼을지도 모른다는 상상을 한다. "길 위에서라야지만 내 영혼은 왕국을 느낀다"(「태양의 휴게소」 부분)는 고백은 그가 왜 불투명한 '미래와 모험'에 모든 적금을 들었는지를 어렴풋이 알게 해준다. 그가 길 위에서 영혼의 왕국을 느낀다고 했을 때 길은 영원한 미지의 세계일 뿐이다. 바다로 가는 서른세 번째 길도 늘 다른 길이었음이 틀림없다.

> 일곱 번째 바람이 부는 저녁 그 돌의 가슴속으로 들어가
> 그 돌의 여자가 되어야 한다
> 그 강물의 창문은 하늘을 위한 것이지만
> 무엇보다 그대를 위한 것이다
> 바람이 알맞게 불고 봄 저녁이었고
> 포구에는 배가 불빛에 지치고 있었다
> 자작나무숲 너머 사람이 아름다운 저녁이 있고
> 그 숲을 지나 지구로 가는 길 한가운데 있는 자전거가 아름다운 날이다
> 나는 바다로 가는 길 위에 있고
> 그대는 내가 가는 길 끝에 있다
> 나는 그 길을 가장 낮은 천국으로 가는 첫 번째 길이라고 이름 불렀다
> 　　　　　　　　　- 「바다로 가는 서른세 번째 길」 부분

"가장 낮은 천국으로 가는 첫 번째 길"이 그가 탈 만기 적금일지도 모른다. 천국으로 가는 길에 대한 욕망이 이렇듯 소박

하고 겸손하게 들리기도 처음이다. "낮은 천국"이라는 표현이 시인 박용하에게 너무 적절하다는 생각이 든다. "이 길 위에서 너무 많은 것을 요구할 수는 없다"(「바다로 가는 서른세 번째 길」 부분)라는 고백 역시도 같은 맥락에서 읽힌다. 그의 영혼에 고여 있는 투명한 태양의 기운을 느낀다. 침잠 그러나 발광. 그가 만기가 되어 적금을 탈 것인지 중도 해약을 할 것인지 잘 모르겠다.

  몇 해 전 양평 중미산 골짜기에서 시인 몇이 만나 밤새 술을 마신 적이 있다. 한여름 새벽 술에 취해 누워 있다가 깨 보니 의자에 앉아 자는 두 시인이 있었다. 술을 마시던 그 자세에서 팔을 아래로 내린 채 고개를 끄덕이던 박용하 시인이 눈을 뜨고 내게 말을 건넸다. 앞의 의자에 앉아 함께 자고 있던 시인을 가리키며 '내가 저 사람을 앞으로 좋아해야겠다. 저 불편한 자세로 자는 사람'. '그래요 형, 저는 앞으로도 계속 누워서 자려구요'. 불편함으로 걸어온 길이었다. 그에게 시가 무엇이냐 물어보면 그것에 답할 수 있는 시 한 구절이 있다. "내 삶의 여인숙, 민박이었던 詩"(「4번 하이웨이에서」 부분). 두 방이 형광등 하나를 함께 써야 했던 사북의 한 여인숙을 떠올리면 강원도 산간에 걷히지 않을 안개가 피어오른다. 민박 그리고 여인숙 같은 시를 쓰며 살았다. 그리고 거기에 적금을 들었다.

내가 살고

네가 살

여기, 생의 주막에서

극단이 아니면 삶은 없다

극단이 중심이다.

― 「다시, 序詩」 부분

배팅, 배팅, 일괄 배팅. 어쩐지 이 시집에 대해 말할 때는 이렇게 세 번은 거푸 써야 할 것 같다. "나는 미래를 잘못 읽는다"(「태양에 말하다」 부분)를 보면 그의 적금이 실패한 듯 보이다가도 "그러나 미래도 나를 잘못 읽는다"(「태양에 말하다」 부분)를 보면 아직 게임은 끝나지 않았다는 생각이 들기도 한다. 꼭 만기 적금 타서 술을 한잔 내기를 간절히 바란다. 어쩌면 그땐 이미 천국과 지옥이 우리를 가를지도 모른다.

정병근 시집

- 『오래전에 죽은 적이 있다』(천년의 시작, 2002)

〈자서〉

산 밑에 마을이 보이고,
굽은 길을 따라 꽃들이 만발한
저 풍경화가 나를 놓아주지 않는다.

발탁되리라는 헛된 꿈 하나가
나를 여기까지 데려다 놓았다.
이름을 바꾸려고 했다.

두 번 늙기 싫어서 그만두었다.

아무도 없다.

   정병근 시인의 이 시집은 그에게는 각별할 터이다. 1988년에 등단한 후 2002년에 낸 첫 시집이기 때문이다. 그가 말하는 꽃들이 만발한 굽은 길은 목가적 풍경으로써 그것이 아니다. 잔학무도를 앞둔 칼잡이가 바라보는 풍경이다. 그러니 싸워야 할 대상을 제외하고 어찌 모든 것이 아름답지 않겠는가? 마지막이 상정되어 있기 때문에 모든 것은 빛난다. 그처럼 시에 대해 치열하게 살아온 시인도 많지는 않을 것이다. 더러 그것은 화가 되어 지랄과 주광으로 드러나기도 했기에 그에 대한 사람들의 호불호가 분명하게 되었다. '뭐 그렇지'라고 대범한 듯 세상을 대하던 그가 어느 날은 소심하기 짝이 없는 인간이 되어 항간에 떠도는 자신에 관한 나쁜 소문을 알려달라고 조른다. 그 조울과 같은 양면이 시인 정병근이다. 섬뜩한 풍경화를 스스로 몽상하며 걸어온 길이다.

   문을 두드렸지만 그 사람 없고

   먼지 낀 창 너머로 우물 같은 적막만 고여 있었네

   땅보다 낮은 이발소 어두운 우물 속에

돛단배 몇 개 떠다니고 거기

푸시킨의 고단한 시도 걸려 있었네

무엇이 나를 속였던가

한 운명을 불러들인 죄로 마당의 나무들은

해보다 더 붉은 열매를 달고 있었네

날카로운 소리를 남기고 차들이 달렸네

다시는 오지 마라 어둡고 추운 우물 속의 집

나는 흉흉한 소문이 되어 떠돌았네

-「그 집」 전문

  저 유년의 이발관 풍경이야말로 그의 한 내면 풍경이다. 이발소 그림과 푸시킨의 시구절 "삶이 그대를 속일지라도 그대는 너무 슬퍼하거나 노하지 말라"에서 촉발된 의문은 바로 "무엇이 나를 속였던가"이다. 한 운명을 불러들인 죄가 나무에 있다는 말은 당시 그가 마주한 풍경일 뿐이다. 만약 바닷가였다면 파도가 그의 운명을 불러들였을 것이며 사막이었다면 모래바람이 그랬을 것이다. 즉 그는 어떠한 경우라도 당시 현재의 세계로 소환되었을 터이다. 그리고 자신이 바라보던 어두운 풍경의 한 부분으로 전입해버렸다. 풍경으로 이사를 한 것이다. 그러니 흉흉한 소문이 되어 떠돌 수밖에 없지 않은가?

그 흉흉한 소문의 행방을 그가 자꾸 내게 물을 때마다 정병근 시인 자신의 내면 풍경이 어떻게 바뀌었는지 밖에서 보아달라는 물음으로 들린다는 사실을 그는 모를 것이다. 아니 아마 알고 있을지도 모른다. 어쩌면 그 능청이 그의 입담일지도 모른다.

그의 자서에서 뼈아프게 다가온 구절은 '발탁되리라는 헛된 꿈' 바로 그것이다. 아아 저 가감 없는 속세의 언어로써 발탁은 무엇을 의미하는가? 그의 시 「겨울 과수원을 지나다」를 읽으면 답이 보인다. 사람들은 더 많은 사과 열매를 얻기 위해 모든 사과나무를 비틀고 있다. 사과나무는 뇌성마비에 걸렸다. "비틀린 입을 벌린 채 하늘을 쳐다보고 있는 사과나무"는 인간들에게 발탁된 것이다. 그때 그가 크게 소리친다. "똑바른 놈은 필요 없어!". 발탁된 사과나무의 실용과 "내 꿈은 놀고먹는 것"(「오래된 희망」에서)이라는 선언에서 만나는 방임의 자유 속에서 그는 늘 흔들리며 걸어왔다. 그리고 술을 마셨다. 그리고 자신의 이름을 지우려 했다. 발탁의 욕망은 이렇듯 자신의 이름까지도 지우고 싶다는 열망과 동행한다. 그렇지만 여전히 그는 그의 이름으로 살고 있다.

어느 이른 새벽 술을 마시다 평택까지 내려온 그가 내게 내뱉은 말도 그러한 것이었다. '아무도 없다'. 저 실존의 아슬아슬한 지경에 처한 그의 시적 행방은 늘 궁금하다. 그에 대한 소문에 귀를 열게 되는 이유다. 한때 공중부양을 꿈꾸었던 그가 꼭 그 무대에 발탁되어 주연이 되었으면 하는 바람이다. 어쩌면 발탁되리라는 헛된 꿈은 그만의 꿈이 아니라 나의 꿈이기도 하다는 사실에 부르르 몸을 떨 때도 있다. 그가 내게 건넨 말은 좀 더 솔직해지자는 것인지도 모른다. 그러나 나는 끝까지 그럴듯한 자세로 남아 있을 것이다. 그럴듯한 자세로 발탁되고 싶은 것이 나의 욕망인지도 모른다. 그는 나보다 한 겹 옷을 더 벗은 것이다. 가끔 그가 줍게 보이는 이유가 여기에 있을 터이다.

발탁, 아아 지금이 춘추전국시대였다면 얼마나 좋을 것인가. 중원의 무림에서 빠진 이빨을 하고도 낚시를 하며 발탁되기를 기다리던 아름다운 시절, 출신도 성분도 필요 없이 오직 능력만을 보던 그때를 다시 기다려본다. 이제 시의 무림에 그가 발탁되기만 한다면 다양한 시의 계책들이 나오리라. 합종연횡, 성동격서, 위위구조, 구호탄랑, 미인계 등.

발탁되리라는 헛되고 아름다운 꿈 하나 때문에 우리가 지금 여기 서성거리고 있다. 새해 벽두의 날이 너무 따뜻하다. 다행이긴 하지만 어울리지 않는다.

전윤호 시집
- 『늦은 인사』(실천문학사, 2013)

〈시인의 말〉

 살아 있는 것들은 소리를 낸다. 가만히 들어보면 말 없는 사물들조차 자기가 살아 있다는 것을 증명하는 것처럼 소리를 낸다. 세상은 그 소리로 가득 차 있다. 어떤 때는 너무 어지럽다. 도원이 그립다. 지금 내 주변은 소음으로 가득 차 있다. 눈을 뜨면 도원이 사라질 것 같다. 눈을 뜨면 모든 게 곧 잊힐 것 같다. 그러나 웅성거리는 사람들 소리에 나는 눈을 떴다. 강변이었다. 식구들의 근심스러운 얼굴이 보였다. 나는 산 너머 마을로 가겠다고 결심했을 뿐, 어떻게 떠내려온 건지 기억이 없다. 하지만 도원에 관한 기억들은 사라지지 않는다. 점점 더 생생해졌다. 머릿속에 예쁜 문신을 새겨놓은 것처럼, 환하게 욱신거리는 그곳.

전윤호

 전윤호 시인의 행적은 말 그대로 풍찬노숙이다. 안산에서 전라도 담양으로 다시 충청도 어느 문학관으로 그리고 당진 화력발전소 어디 즈음으로. 그는 이제 자신이 시인이라는 주체자가 아니라 시인이면서 동시에 시이기를 바라는 형국으로 말을 달리고 있다. 저러다 얼마간의 시간이 지나면 채찍을 내려놓겠지 하며 무연히 바라본 것이 수삼 년이 훌쩍 넘었으니 참 그는 멀리도 갔겠다는 짐작만 있을 뿐이다. 소음으로 가득 찬 세상이라는 말은 결코 쉽게 할 수 있는 말이 아니다. 그것은 자칫하면 오만과 독선으로 비추어질 것이며 나아가 세상에 부적응한 인사라는 말을 들을 가능성이 농후하기 때문이다. 최근에 본 전윤호 시인은 이제 그러한 평가를 별로 두려워하지 않는 것 같았다. 어떤 절실함이 그로 하여금 자신만의 명백한 세계를 지향하게 하였는가는 아무도 모를 일이다. 다만 짐작건대 도원으로 상징되는 전일한 시적 지향이 그로 하여금 여타의 것에 대해 관심의 촉수를 거두게 했다는 것을 추측할 뿐이다.

이 시집의 〈시인의 말〉은 너무 솔직하다. 포장이 없으니 나체의 모습 그대로이다. 발가벗고 시에 달려드니 시도 참 난감하겠다는 생각이 든다. '살아 있는 것들은 소리를 낸다'는 발견은 이미 오래전 많은 이들의 발견일 터이지만 그 소리로 인해 어지럽고 그 소리들이 소음에 가깝다는 인식은 보편적인 것은 아니다. 대개의 시인들은 살아 있는 것들의 소리를 발견하고 감동하거나 호들갑을 떨 때 그는 그것은 소음이었다고 말하고 있는 것이다.

'도원이 그립다'는 말은 이 시집뿐만 아니라 그의 시세계를 관통하는 핵심어라 해도 무방할 것이다. 도원은 단순한 고향의 의미를 넘어 신화적 공간으로 재탄생하고 있다. 이 시집의 「여자 성인식」, 「남자 성인식」의 시를 보면 도원으로의 진입 혹은 도원의 주민으로 살기 위해서는 하나의 통과의례를 거쳐야 한다. 여자의 성인식은 초경 후 샘골 옻샘에서 이루어지는데 그 과정 이후에는 "다시는 들어가기 전의 모습으로 돌아가지 않는다"(「여자 성인식」 부분)고 그는 말하고 있다. 십수 년 전 정선 읍내 종합운동장에서 우리는 전윤호 시인의 친구들과 축구를 한 적이 있다. 그러니 도원의 원주민과 함께 논 것이다. 그의 친구들은 양식도 없이 산벼랑을 기어 산짐승들의 위협도 물리치고 여러 마리의 도룡뇽을 부화한 자들(「남자 성인식」에 나옴)답게 용감하고 건장하였다. 그들은 도원의 입구인 동광식당에서부터 남다른 식생과 섭생으로 우리를 놀라게 했다. 도원의 산에서 캐온 황기로 둘둘 말아 삼 일을 끓인 멧돼지 고기를 쭉쭉 찢어 먹으며 연신 술을 들이켰지만 누구 하나 취하지 않았다. 그들이 한번 웃으면 산이 울리고 앞 강의 물살이 거세졌다. 혼미한 틈을 타 그들은 나전, 여량의 계곡을 돌고 돌아 어딘지 모르는 곳으로 우리를 끌고 들어갔고 비늘 없는 한 자의 물고기를 피가 묻은 채 설컹설컹 썰어 내놓기도 하였다. 다음 날 아침 눈을 떴을 때는 읍내 여관방과 술집에 딸린 곁방 등 우리는 골고루 내팽개쳐져 있었다. 아침을 먹기 위해 전날의 식당을 찾았으나 도무지 분간을 할 수가 없었다. 읍내 시장 사람들은 느긋하게 산 것들을 내놓고 엉덩이를 바닥에 걸친 채 물건을 팔고 있었다. 그들에게 도원을 물으니

"사는 데가 다 도원이지 아인가"

그는 지금 강변에 있다. 어떻게 여기까지 떠내려온 것인지 그도 잘 모른다. 세파나 풍파라고 말하는 것은 도원의 주민

에게 어울리지 않는다. 나는 그가 말하는 강변의 의미를 최근에야 알게 되었다. 2001년에 낸 그의 시집 『순수의 시대』를 읽다 보면 그는 자신의 본적을 분명히 밝혀놓고 있다. "내 고향은 도원읍 무릉리/아무나 가는 곳이 아니야"(「하류에서」 부분). 자신의 본적이 도원이라는 것과 함께 하류에 살게 된 내력을 풀어 놓고 있다. "아주 어렸을 때/뗏목에 실려/이곳으로 떠내려왔어/도대체 무슨 일이 있었던 것일까/쓰레기 더미 속에서 살면서/항상 궁금했었지"(「하류에서」 부분). 그는 도원에서 쫓겨나(?) 쓰레기 더미 같은 하류에 살고 있다. 그러면서 늘 중얼거린다. 나의 본적은 도원읍 무릉리라고.

시인의 말에서도 자신이 어떻게 강변으로 떠내려왔는지 알 수 없다고 고백하고 있다. 그러면서도 산 너머 마을로 가겠다고 결심하고 있다. "관속에 누웠다가 갠 밤이면/돌아가고 싶다/뒤통수나 잘 치는/강 하류배들과 싸우다 지친 귓전에/젖은 디젤기관차 소리/밤 두 시 별어곡역에 내려/민둥산에 올라가리라"(「도원읍」 부분).

"살아 있는 것들과/죽은 것들이 함께 떠내려오는 강 하류"에서 "길을 걷다가/가끔 돌아본다/그러면 도원의 잔잔한 강이/복숭아 꽃나무가 가득한 마을이/붉은 눈을 깜빡이는 자동차들 사이로 보인다"(「고개 들어보면」 부분)는 고백은 시가 그에게 그렇듯 도원은 거의 종교적 연원에 가깝다는 내면의 토로이다. 도대체 도원은 어디에 있는가? 슬프고도 긴 한 편의 시를 읽고 나면 혹 도원이 보일지도 모를 일이다.

> 바다에서 엄마를 잃어버리고
> 아버지 손을 잡고 산으로 갔다
> 계모의 미운 혹이 되어
> 골방에서 잠들던 어린 날
> 문설주가 시퍼렇게 어른거려 울었다
> 그들의 세상이
> 대충 지어놓은 가건물이었다는 걸
> 아는 나이가 되어
> 덜덜거리는 고물차를 타고
> 바다로 간다
> 연인에게 미안하다는 노래를
> 반복해서 틀면서
> 모래밭에 흩어진 조개껍데기들을 본다
> 파도가 거친 날 휩쓸고 올라와
> 갈매기들에 살을 쪼이고
> 껍지만 남은

엄마는 어디로 갔을까

밤새 파도 소리에 뒤척이다가

주먹만 한 눈송이가 내리는 것을 보았다

선잠이 깬 아침까지

눈은 내리고 내려

길을 지우고 차를 지우고

나를 지우는구나

누가 누구에게 미안한 걸까

새벽부터 땀을 흘리며 눈을 치운다

자꾸 파 내려가면

묶인 배가 흔들리는

항구가 보일 것 같다

- 「동해에서 폭설을 만나다」 전문

  혹 엄마를 찾아가는 길이 도원의 길은 아닌가? 그렇다면 그 여정은 영원에 가까운 것이리라. 어린 날 골방에서의 잠과 저 도도했던 엄마 품 안의 도원, 그 사이의 거리가 전윤호 시인의 시적 여정이 될 것이다. 점점 생생해지는 기억들. 과거를 현재화시키고 다시 미래의 꿈으로 환치해가는 끈질기고도 먼 여정, 도원 가는 길.

이화은 시집
- 『미간』(문학수첩, 2013)

〈시인의 말〉

연민을 앓고 있다

흘러가는 것들이 가여워 살이 아프다

이 시집 속으로 사라진 9년이라는 시간

결코 용서하지 않을 것이다

이화은

이순耳順, 종심소욕불유구從心所欲不踰矩와 같은 말은 여러 의미로 해석이 가능할 터이나 대체로 자연이나 현상을 관용한다는 의미를 짙게 띠고 있다. 물리적 시간으로서의 나이를 먹는다고 자연이나 현상 혹은 주변의 상황이 크게 달라지지 않음에도 불구하고 왜 이러한 태도를 동경하고 더러는 요구하는가를 곰곰이 생각해 본 적이 있다. 거창한 철학적 바탕이 있을 듯 보이나 기실 각각의 주체들의 심리적 안정과 깊은 관련이 있지 않겠는가에 생각이 미쳤다. 그러면서도 나 같은 옹졸한 자가 낸 탐탁지 않은 생각이라는 자책도 해본 것이다. 이화은 시인에 대해 글을 쓰려 하니 이순이나 종심소욕불유구 같은 옛말은 다 덧없다는 데 생각이 정차해 있다. 이화은 시인은 세대를 초월해 젊은 시인들과 술잔을 겨루는 기백을 아직도 가지고 있거니와 어떤 연민의 눈빛으로 자신이 넘어온 세계를 지나가는 후배들을 바라보곤 한다. 그러한 기백과 연민이 이 시집의 〈시인의 말〉에 고스란히 녹아 있다. '결코 용서하지 않을 것이다'라는 구절을 읽으며 이것이야말로 이화은 시인이라고 킥킥대며 웃었던 것이다. 일고의 가치도 없는 용서.

 일 년에 두어 차례 이화은 시인을 만나 주량을 겨루곤 한다. 초지일관 희희낙락이며 농에서 농으로 대화가 이어지는 까닭에 어중간히 듣고 있다가는 대화를 놓치기 일쑤이다. 비상한 기억력으로 30년 전의 일을 어제 일처럼 일러주기도 하고 그러다 문득 어제 이야기를 먼 옛날의 이야기처럼 말하기도 한다. 단 어떠한 경우도 으스대거나 척하는 법은 있을 수 없다. "야야 대식이 어떤 스타일의 여자를 좋아하노". 참 심각한 물음이라고 생각하며 눙치려고 눈치를 보고 있으면 어린 자식 타이르듯이 조곤조곤 다시 물어보는 것이다. 이화은 시인의 고향이 경북 진량이라는데 기회가 나면 진량은 어떤 곳이냐고 한번 물어보리라 여러 차례 다짐했었다. 그러나 술잔이 돌고 나면 늘 술 욕심에 다른 생각을 해본 적이 없는 성정 탓에 제대로 진량에 대해 물어보질 못했다. 타고난 역마살에 여기저기 많은 곳을 다녔지만 진량이라는 곳은 가 본 바가 없었으며 중국 사천성 어디쯤 있을 법한 지명이라 생각하곤 했었다. 어쩌면 이렇듯 가까우면서도 또 낯선 세계에 대한 탐구를 이화은 시인의 시에서 만나게 된다.

> 나이 먹는다는 거
> 늙는다는 게 뭔지 아니?
> 시도 때도 없이 재채기를 한다는 거야
> 발가락이나 성기가 하던 재채기를
> 목구멍이나 콧구멍이 대신 한다는 거지
> 오르가즘의 발화 지점이

하체에서 상체로 옮긴 거야

조금 더 나이를 먹어봐

몸의 최북단

머릿속 생각의 동굴에서만 사는,

오르가즘은

상상의 동물이 되고 말 거야

그러다 어느 손 없는 날

머리 뚜껑을 열고 천천히

늙은 오르가즘이 걸어 나가고

다시 무덤 같은 출입구가 닫히고

생과 사의 절개지를

제3의 손이 서둘러 꿰매며

에엣취!

- 「북상北上」 전문

"나이 먹는다는 거/늙는다는 게 뭔지 아니?"라는 일상적인 물음에 긴장을 하게 되는 것은 이화은 시인의 시에서 늘상 그 답이 일상성과는 거리가 멀기 때문이다. 그러한 기대에 부응이라도 하듯 그 답은 "시도 때도 없이 재채기를 한다는 거야/발가락이나 성기가 하던 재채기를/목구멍이나 콧구멍이 대신 한다는 거지"라고 말하고 있다. 늙음이란 시도 때도 없이 재채기를 하는 것이고 그 위치가 변하는 것이라는 정의는 이 화은 시인만의 발화이다. 가령 "말을 섞는다는 건/혀를 섞는다는 말/ 말을,/반으로 잘라 서로의 몸을 바꾸어/삽입한다는 말"(「반말論」 부분)과 같은 시에서도 일상을 넘어서는 세계에 대한 해석을 보여준다. 이 시집 전체를 보건대 일상적 세계 해석은 거의 찾아볼 수 없다. 이것은 시적 긴장의 정도를 의미하는 것이고 시적 방법론을 뜻하는 것이기도 하다. 그러니 일상적 발화 혹은 일상적 전제가 앞에 오면 긴장할 수밖에 없다. 발가락이나 성기가 하던 재채기를 목구멍이나 콧구멍이 한다는 진술 자체도 일상 너머에 위치한다. 더 심각한 발화는 "오르가즘의 발화 지점이/하체에서 상체로 옮긴" 것이 나이를 먹는 것이라는 사실이다. 이 시에서 오르가즘이란 육체의 에네르기이며 동시에 정신의 생동을 의미한다고 할 수 있다. 나이를 먹을수록 오르가즘은 "북상"한다. "몸의 최북단/머릿속 생각의 동굴에서만 사는" 오르가즘은 소멸의 한 표상이라 할 수 있다. 궁극적인 '연민'은 이 지점에서 파생된다. 생명의 에네르기가 "상상 속의 동물"이 되고 마는 것은 '흘러가는 것들이 가여워 살이 아'픈 이유이다. 흐른다는 것은 육체의 "북상"을 의미하는 것이며 종국을 뜻하는 것이기도 하다. 살이 아픈 연민은 다음과 같은 시에서도 확인할 수 있다. "1절의 그늘에 살짝이 숨어 하고 싶은 말 다 하는 게 2절이지요"(「세상의 모든 2절」 부분)라는 시에서 2절이란 북상하는 육체의 비유라 할 수 있다. 소멸로 가는 존재들에게 보내는 연민이 시 면면에 흐르고 있다. "늙은 오르가즘이 걸어" 나간다는 것은 죽음이며 "에엣취"란 생명의 마지막 흔적이자 오르가즘이 될 터이다. 흘러가는 것들에 대한 연민의 기원은 불완전한 존재성에 기인한다.

> 충견처럼
> 부르면 언제나 달려오는,
> 부르지 않아도 늘 가까이 어슬렁거리며
> 든든하고 윤기 흐르는 등짝을 내 앞에 들이미는,
> 너 없이는 이제 잠시도 숨을 쉴 수가 없다
> 어쩌다 희망 쪽으로 베개를 돌린 날
> 그런 날은 영락없이 악몽을 꾼다
> 너의 검고 빛나는 털을 쓸어내리면 너는
> 뜨겁고 붉은 혀로 내 뺨에 흐르는 눈물을 핥는다
> 우리의 동거를 아무도 눈치채지 못하였지만
> 사랑은 더 많이 사랑하는 쪽이 언제나 손해다

언제부터인가 너는 점점 살이 오르고 나는 야위어 간다

네가 불러주기를,

행여 버림받을까 네 주변을 킁킁거리며

어슬렁거리며

네게 사랑받기 위해 네 발등을 핥는다

- 「절망에게」 전문

"부르면 언제나 달려오는,/부르지 않아도 늘 가까이 어슬렁거리는" 실체가 "절망"이라는 사실은 존재의 근원적 불안과 깊은 관련을 맺고 있다. 더욱이 존재에 대한 탐구를 숙명으로 받아든 시인의 입장에서 눈에 보이지 않는 관념과의 싸움은 살아가면서 더 두꺼운 층위의 절망을 생산할지도 모를 일이다. 이 절대자의 형식을 한 "절망"과의 동행은 불우한 삶에 대한 기록을 담고 있다. "절망"은 "절망" 이외에 어떠한 것도 허용하지 않는다는 점에서 독점적 신의 형식을 취하고 있는 것이다. 또한 "우리의 동거를 아무도 눈치채지 못하"였다는 것은 "절망"이 밀교의 형식으로 내면화되었음을 뜻한다. "네게 사랑받기 위해 네 발등을 핥는다"는 자기 가학의 상태란 기실 시인으로서의 정체성과 깊은 관련을 맺고 있을 것이다. 그럼에도 불구하고 "나"와 "절망"의 관계는 자기 연민의 한 기원이 된다는 것도 부인할 길이 없다. 시적 주체의 입장에서 "절망"과의 관계는 합리적인 인식의 결과물이라기보다는 우연 혹은 운명과 같은 것이라 할 수 있다. 따라서 "낙뢰 한 잎 떨어져 눕는 날/나는 귀가 멀었다"(「절명絶命」 부분)는 시적 인식과 같이 "절망"도 한순간 소멸할 터이다. 이화은 시인의 시가 육체성에 핍진한 까닭도 이 언저리에 있을 것이다.

 '이 시집 속으로 사라진 9년이라는 시간/결코 용서하지 않을 것이다'라는 〈시인의 말〉은 투철한 시 의식을 뜻하는 말이다. 자신이 살아온 생을 응집해서 시라는 엑기스로 뽑아내고 싶다는 욕망은 좋은 시를 쓰겠다는 욕망과 같은 의미로 받아들일 수 있다.

> 눈썹과 눈썹 사이가 멀어 시인이 된 여자
>
> 눈썹과 눈썹 사이를 평생 걸어가는 여자
>
> 눈썹에서 눈썹까지
> 한 번도 당도하지 않은 여자
>
> 잃어버린 황금 눈썹 한 포기를 찾아

끝없이 방황하는 여자

상상의 구름 떼가 그녀의 눈썹을 뜯어 먹는다
흰 이마에 푸른 번개가 뜨고

별을 보고 점을 치는 예언자처럼
가장 뜨거운 시의 심장을 훔쳐 도망쳐 온
눈썹과 눈썹 사이 광활한 미간眉間

─「미간美間」 전문

  이 시집의 표제시인 「미간美間」은 시인으로서의 자의식을 고스란히 보여준다. "눈썹과 눈썹 사이가 멀어 시인이 된 여자"는 눈썹 사이를 평생 걷는다는 것을 전제로 한다. 끝내 어느 한 도착점을 가질 수 없다는 비극적이면서도 낭만적인 인식은 사실 이화은 시인의 시세계의 한 중심을 이루는 지점이다. 그가 찾아 헤매는 "잃어버린 황금 눈썹 한 포기"는 철저히 시의 비유라고 확신한다. 그것은 "끝없는 방황"이 시를 찾아가는 여정임을 분명히 보여주기 때문이다. "별을 보고 점을 치는 예언자처럼/가장 뜨거운 시의 심장을 훔쳐 도망쳐 온" 자로서 시적 주체는 신의 세계에서 불을 훔친 프로메테우스를 연상케 한다. "광활한 미간$_{眉間}$" 사이의 "방황"은 시에 대한 열망과 일치한다. 사라진 시간을 결코 용서하지 않겠다는 시인의 말은 "시의 심장"을 훔치기 위한 미간 사이의 방황을 결코 멈추지 않겠다는 것을 의미한다. 시적 방황의 행로인 눈썹 사이의 미간$_{眉間}$이 미간$_{美間}$이 되는 까닭도 바로 이러한 이유 때문이다. "시인의 발바닥은 완전 연소의 재 한 줌도 함부로 밟지 않는다"(「詩論, 입맞춤」 부분)는 염결성도 쉬지 않고 미간을 걸어온 자의 체취를 느끼게 해준다. 이 글을 쓰고 있는 12월 초순의 어느 날은 소멸과 낭만을 기록한 이화은 시인의 다음과 같은 시를 읽고 싶다.

> 눈이 온다 서울 여자처럼
> 사근사근사근사근
> 큰오빠를 홀린 서울 여자를
> 집안 어른들은 여시라고 했다
> 치마 속에 꼬리를 감추었다고 했다
> 발자국이 없을 거라고 했다
> 사근사근사근사근
> 서울말은 우리들 눈썹에 머리칼에
> 손등에 닿자마자 솜사탕처럼 녹아내렸다

우리는 침을 흘리며

그녀의 입만 쳐다보았다

그녀가 울면서 떠나간 날도 눈이 내렸다

면사무소 국기 게양대처럼 꿋꿋하던 큰오빠가

시든 열무 잎처럼 변한 것도

그 여시 때문이라고

눈이 온다

흰 속치마 속에 아홉 개의 꼬리를 감추고

무덤덤 담벼락에 전봇대에

오래 눈을 감고 있는 늦은 골목에

발자국도 없이

사근사근사근사근

- 「사근사근 첫눈이」 전문

몇 년 전에 모 잡지에 「술과 문학」이라는 연재를 하면서 다음과 같은 일화를 소개했다. 수주 변영로와 명동백작 이봉구의 첫 만남에서 술의 양이 많지 않은 이봉구를 향해 변영로는 말했다.

"여태 뭘 했어"

어느 날 이화은 시인을 오랜만에 만났는데 이 글을 읽었는지 술잔을 앞에 두고 다짜고짜 내게 따지듯 묻는다.

"여태 뭘 했어"

미간이 움찔했다.

백인덕 시집

- 『끝을 찾아서』(하늘연못, 2001)

〈자서〉

하늘 아래 새로운 것이 어디 있으랴.

다만,

미련한 몸의 미련일 따름.

어머니, 그리고 투병 중이신 아버지,

〈

육신의 기억들에게 이 시집을 바칩니다.

- 2001년 1월 백인덕

  이 시집이 발행된 것이 2001년 2월이니 1991년에 등단한 그로서는 10년 만에 첫 시집을 낸 셈이다. 그는 이 세상의 영악스러움과는 거리가 멀다. 그렇다고 세상에 아무런 욕심이 없느냐 하면 그건 또 아닌 것 같다. 더러 술자리에서 이런저런 이야기를 나누다 보면 박학다식과 종횡무진으로 시와 이 세계를 누비는 그를 만나게 된다. 그럴 때마다 참 보통 인간은 아니구나 하는 인상을 받는 것도 사실이다. 현실에 나름대로 충실히 복무하면서도 현실과 유리되어 있다는 독특한 느낌을 주는 것도 아마 그가 가진 특유의 삶의 방식이라 할 것이다.

  이 시집의 〈자서〉는 몸을 통한 연대와 소멸 그리고 그 육신의 기억을 말하고 있다. 몸은 생명의 표상 그 자체이며 동시에 소멸의 집약된 형식이라 할 것이다. 그의 고백도 여러 차례 들은 바 있듯이 그는 기독교인이다. '해 아래 새것이 없다'라는 자명한 전제 다음 이어지는 진술은 지극히 독한 한 잔의 술과 같다. '미련한 몸의 미련'. 미련이라는 단어를 이렇듯 골똘히 생각해 본 적이 없다. 국어사전을 찾아보니 '①미련未練[미: 련] 명사. 깨끗이 잊지 못하고 끌리는 데가 남아 있는 마음'과 '②미련 명사 터무니없는 고집을 부릴 정도로 매우 어리석고 둔함'이라는 대표적인 두 가지의 의미를 찾을 수 있었다. 국어사전을 찾아본 까닭은 두 '미련'의 의미가 다를 성싶어서였다. 찾아 놓고 보니 앞의 미련은 ②의 의미에, 뒤의 미련은 ①의 의미에 가까운 것처럼 느껴졌다. 어쩌면 시인은 ① 또는 ②의 의미로 일관되게 썼을 수도 있었을 것이라는 데 생각이 미친다. 또 그 무엇이어도 괜찮다는 데 생각이 미치기도 한다. 그의 첫 시집에서 육신에 대한 사유를 만난다는 사실이 반가운 것인지도 모른다. 그에게 시는 "幼年의 더운 피를 모두 말리고"(「回歸-어떤 告白」 부분) 걸어온 육신의 이야기인지도 모른다는 데 생각이 도착해 있다.

    사랑은 슬프고도 어두운 허기였네.

    해 질 녘 부끄럽게 만나

    기름진 국물 찾아 헤매던

    사랑은 풀빛에 지친 짐승이었네.

    나, 그대의 살 날로 뜯어먹는 송곳니

두려운 짐승이어야 했는데, 뼈를 씹으며
골수에 맺힌 아픔 함께 앓아야 할
단순한 식욕의 짐승이어야 했는데,
오래 길들여진 내 위장은 부드러웠고
턱뼈는 약해, 나 그대를 먹지 못했네.
시달리며 달리다가 그 어두컴컴한 눈빛
깊은 우물에 헛발 디디지도 못하고……

사랑은 치열한 식욕이었네.
슬픔이 슬픔에게 주는 만찬,
맨 먼저 만난 짐승에게 피를 내주는
사랑은 거룩한 식사라고, 나 이제
쓸데없이 이빨을 가네.
뜯어먹을 그 무엇도 남지 않았네.

- 「첫사랑 -C에게」 전문

젊은 날 황폐한 영혼에게 사랑이란 그의 말처럼 "슬프고도 어두운 허기였"을 것이다. "그대의 살을 날로 뜯어 먹는" 원초적 사랑에 대한 갈망은 동물적 생명력으로 가득하다. 그가 바라는 바의 사랑은 "단순한 식욕의 짐승"으로 표상되는 육체적 성격을 띠고 있다. "황량한 들판 쫓고 쫓기기"는 역동적인 생명의 놀이가 사랑이라는 진술은 시적 주체의 사랑에 대한 논 廳이라 할 것이다. 그러나 어떤 비애의 표정을 만나게 되는 것은 "못했네"로 중복 표현된 과거형의 진술 때문이다. "나 이제/ 쓸데없이 이빨을" 간다는 자조적인 표현도 역시 비애의 표정을 띠고 있다. 그러한 의미에서 부드러운 위장과 약한 턱뼈로 그대를 먹지 못했다는 고백은 상징적 의미를 지니고 있다. 그것은 어쩌면 그악스러운 현실을 상징하는 황량한 들판에서의 질주를 스스로 포기했다는 것을 의미할지도 모른다. "사랑은 치열한 식욕이었"다는 고백은 그러한 점에서 관찰자의 시각이라 할 수 있다. "맨 먼저 만난 짐승에게 피를 내주는/사랑은 거룩한 식사라"는 시적 정의는 신화적이고 제의적인 성격을 보여준다. 그것은 사랑의 절대성을 의미한다는 점에서 첫사랑에 대한 숭고함을 품고 있다. 숭고함과 파괴의 두 본능이 첫사랑 안에서 혼돈의 형식으로 자리 잡고 있는 것이다. "기습적으로 첫눈 내린 주말 오후, 그대 생각이 미쳐 나는 난폭한 짐승으로 할퀴고, 물어뜯고, 내동댕이쳤습니다."(「겨울 봉함엽서 1」 부분)와 같이 사랑을 매개로 한 폭력성도 사실은 숭고함의 심리에 기대어 있다고 할 것이다.

  그나 나나 매우 다른 성정을 지녔음에도 불구하고 술을 좋아한다는 살뜰한 공통점에 어딜 가든 서로의 근처에 자리를 잡고 술잔을 맞들어 왔다. 이제 서로 나이가 들어가면서 밤늦도록 술잔을 기울이는 일은 삼가는 편이지만 여전히 제일 늦게 술자리를 파하는 축에 속해 있다. 술이 사람을 망가트리기도 하지만 어떤 인정을 품고 있음은 술 꽤나 마셔본 사람은 대개 마음으로 동정하고 있을 터이다. 십여 년 전 아버지께서 돌아가셨을 때 지금 사는 곳에서 멀리 않은 산에 모셨다. 추석 전 가을이었으니 날은 맑았다. 못자리를 다듬고 달구 타령이 이 산에서 저 산으로 넘어가고 황망한 마음에 산에 같이 올라온 지인들을 살필 겨를도 없었다. 산소 위 언덕에 마을 부녀회에서 국을 끓이고 밥을 푸고 음식을 내고 있었다. 한쪽에 앉아 술잔을 내는 백인덕, 이윤학 시인의 모습이 보였다. 황토는 신발에 엉겨 내려오는 길이 말이 아니었지만 그들이 어떻게 내려갔는지도 마음의 빚으로만 남아 있다.

 '어머니, 그리고 투병 중이신 아버지'에 오면 말문이 턱 막힌다. 시가 결핍의 소산이라는 말이 무색지 않게 돌아보면 참 많은 시인이 불우한 가족사를 품고 있으며 나 자신도 예외는 아니다. 그도 아마 평범한 가족사를 가지고 있지는 않을 터였다. 더 가슴이 찡한 장면은 어머니 앞에 아무런 수식이 없다는 사실이다. 어머니라는 이름으로 규정지어진 존재를 그냥 호명

했을 뿐이다. 사실 이 부분에 극강의 슬픔이 도사리고 있다.

여기 지금, 마지막 날의 포탄처럼 사정없는 눈발 쏟아지고 무딘 능선 언 땅 위에 맨 가슴을 포갠 채, 무모한 청춘 하나 고스란히 식어갑니다. 저수지를 끼고 뻗어간 들길, 기와집 몇 채 웅크린 신작로, 무덤 지나 하늘, 그 어디에도 그대와 나 사이 통로는 새로 열리지 않습니다. 너무 멀리 있어, 혹 너무 가까워 보이지 않는 것들의 이파리나 흔들며 내 사랑은 헌 냄비나 두들긴 것은 아닌지, 우스운 생각 끝에 눈물마저 찔끔대지만 사내들의 둔감한 뼈가 얼마나 쉽게 부러지는지, 이 땅의 고만고만한 계집들은 모를 겁니다. 밤마다 자기를 害 하려고 일어서는 발톱, 흉하게 자란 이빨을 빈 숲 나무턱에 갈며 그대여, 否定의 이십 대를 마감하는 겨울, 그대가 없는 나라에 살기 위하여는 얼마나 더 엎드려 있어야 합니까. 가득 입김 서린 안경을 벗으며 내내 막막해지는 오늘도⋯⋯

- 「겨울 봉함엽서 4」 전문

부정의 이십 대를 마감하며 그가 보낸 봉함엽서의 수신처가 어디인지 분명히 알 수는 없다. 분명한 것은 그대와 나는 현실적으로 소통할 수 없다는 사실이다. 시적 주체는 쏟아지는 눈발을 맞으며 어느 한적한 시골길을 걷고 있다. 그 길은 저수지와 기와집 몇 채를 거쳐 무덤 지나 하늘이 보이는 곳이다. "그대와 나 사이 통로는 새로 열리지 않"았다는 진술을 통해 이 시적 독백이 차안과 피안을 가로지르고 있음을 알 수 있다. 이 지점에서 혹 수신의 대상이 어머니는 아닌가 하는데 생각이 미친다. "그대가 없는 나라에 살기 위하여는 얼마나 더 엎드려 있어야 합니까"라는 시적 고백은 적어도 수신의 대상이 신에 준한다는 점에서 어머니라는 확신을 갖게 한다. 어머니라는 구체적인 대상이 아니더라도 우리의 무의식에 자리 잡은 거대한 여성성 혹은 모성과 깊은 연관을 맺고 있을 터이다. "당신이 잠드는 땅, 거기 아직도 절망은 겨울비로 내립니까"(「겨울봉함엽서 2」 부분)라는 고백과 "당신은 아름다운 虛飢처럼 늘 내 몸 어딘가에 계시리라 믿고 있습니다"(「겨울봉함엽서 3」 부분)라는 기원에도 어머니 혹은 여성성의 상징이 가로놓여져 있다. 진정한 신은 자기의 의지대로 세상을 좌우지하는 지배자가 아니라 시공을 넘어선 존재의 원천이라는 영지주의$_{Gnosticism}$의 관점을 백인덕 시인의 시에서 만나게 된다. 그러한 신의 모습이 어머니 혹은 여성성을 띠고 있다는 것은 그의 내면적 상처가 어떤 형식인가에 대한 탐구를 의미하는 것이기도 하다.

오래전 추석 다음 날에 그가 집에 찾아온 적이 있다. 그는 결혼하기 전 혈혈단신, 단기필마로 주유하던 시절이었으니 추석이라는 명절이 큰 의미가 없었을 터였다. '육신의 기억들'에 대해 그는 어떤 금기처럼 말하기를 꺼려하다가도 어떤 때는 상처의 이면까지도 술술 풀어 놓기도 했다. 밭 한가운데 있는 컨테이너에서 마시기 시작한 술은 송탄의 제일 풍광 부락산 자락으로 자리를 옮겨 장엄한 술자리를 밤늦도록 이어갔으니 돌이켜 보면 허방을 딛고 살아온 세월 같아 아득하기만 하다. 그래도 "거센 협박脅迫이 나를 살게 한다"(「물과 술」 부분)는 그의 시처럼 약간의 기백은 서로에게 있었을 터였다. 피와 살 그리고 육신에 대한 기억으로 얼룩진 젊은 날 그의 시를 한 편 읽는 것으로 이 글을 마친다. 그의 시처럼 "그대 울지 말라, 그대, 가을".

새벽 하수구 근처,

칼 맞은 男子

담장은 겨우 허리춤인데,

그 밖엔 흐드러진

장미, 불빛에 겨운 장미뿐인데

등 한가운데 칼을 꽂고

서언誓言하듯 부복俯伏한 男子 하나,

누가 그 *祈禱*를 들을 수 있을까?

맨 길바닥에서 내 심장이 식어갈 때

그대 울지 말라, 그대, 가을

호수 같은 눈에서 이슬을 닦는 사이

내 살육의 대지를 한 바퀴 돌아

더 무성한 살의와 증오, 피의 바다를

무진장 해일처럼 일으켜 다시 오리니

달콤하고 허술한 청춘의 울타리 무너져

그대 부주의한 옷자락이 젖기 전에

피를 보기 전에 슬며시 울고 떠나라.

그대, 빈 웃음처럼 울고 떠나라

한밤을 긴 바퀴들이 떠나고

담장 아래 던져지는 쓰레기 뭉치들

칼 맞은 男子는 보이지 않고,

보이지 않은 길은 잊기도 쉬워, 온

마을 아침 짓는 연기 하늘을 가리네.

담장은 겨우 허리춤인데

　　　　　　　　- 「한 男子의 죽음 -서른셋이 되다」 전문

박완호 시집
- 『물의 낯에 지문을 새기다』(서정시학, 2011)

〈시인의 말〉

처마 끝에 매달린 고드름에서 떨어져 내린

물방울이 바닥에 닿을 때까지

셀 수 없이 마음에 떠오르던 말들,

그것들을 토씨 하나 흘리지 않고

서로 엮어내는 황홀한 꿈을 꾼다.

그러나 시를 쓰면 쓸수록

나는 점점 초라해져만 간다.

비루하기 짝이 없는 나의 삶과

늘 휘청거리기만 하는 나의 사랑에게

부끄러운,

네 번째 시집을 바친다.

2011년 봄, 박완호

    십수 년 내로 박완호 시인과의 관계는 친구이자 동행자였다고 할 수 있다. 대체적으로 지방이나 서울을 가리지 않고 그가 있는 곳에 내가 있었고 내가 있는 곳에 그가 있는 형국으로 살아온 것이 사실이다. 그러면서도 신기할 정도로 서로의 문학에 대한 간섭이 일절 없었다는 것은 입 밖으로 드러내 이야기하지는 않았지만 참 잘했다는 생각을 키우게 된다. 동사위붕同師爲朋이요, 동지위우同志爲友라 했으니 스승이 같으면 붕朋이라 칭하고 뜻이 같으면 우友라 칭한 것을 비추어 보면 그는 나에게 참된 벗友이라 할 것이다. 또한 이년異年이나 망년忘年의 벗들이 많을 줄 아나 동갑내기였던 탓에 아마 그 우의도 자연스럽게 깊어지지 않았나 추리해보기도 하는 것이다. 어딘가에서도 한번 말한 바 있듯이 그나 나나 변두리 태생답게 나서는 법이 없었으며 권하는 술잔이나 부지런히 내는 처지다 보니 늘 말석이나 차지하다 사라지곤 하였다. 어쩌면 이런 기질에 대한 이해가 서로에 대한 연민으로 뒤엉켜 있었을 법하다. 어쨌든 휴전선 부근 강원도 산골부터 제주도까지 그와 동행한 시간들은 참 길고도 흥겨웠다는 사실은 두말한 나위가 없다. 그의 네 번째 시집인 『물의 낯에 지문을 새기다』의 〈시인의 말〉은 시인으로서의 본질적 고뇌를 보여주고 있다. 시가 언어예술이라는 점, 그 가운데서도 가장 첨예한 지경의 언어로 이루어져 있다는 사실에 대한 인식은 투철한 무엇이라 할 수 있다. 문제는 이 지점에서 시인들의 고뇌가 파생된다는 사실이다. '처마 끝에 매달린 고드름에서 떨어져 내린/물방울이 바닥에 닿을 때까지/셀 수 없이 마음에 떠오르던 말들'. 박완호 시인의 예의 바름은 익히 알려진 바이지만 그러한 심성이 시인의 말에도 고스란히 새겨져 있다. 고드름이 물방울이 되어 바닥에 닿을 때까지 떠오르던 말들이 셀 수 없을 정도로 많았다는 것은 대상에 대한 애착을 뜻하는 것이기도 하다. 대상에 대한 애착과 그에 따른 사고의 심화야말로 정공법으로 시의 길을 가는 박완호 시인의 시적 방법론이라 할 것이다.

    시인의 한 마디는

    단말마,

    〈

그가 선 자리는

       어다라도 벼랑이다

                              - 「시인」 전문

 이 짧은 한 편의 시에서 언어에 대한 박완호의 염결성을 읽을 수 있다. 단말마斷末魔란 급소末魔를 베일 때의 고통이며, 숨이 끊어질 때 지르는 마지막 비명이라는 점에서 시인의 말 한 마디는 절체절명의 발화라는 점을 분명히 하고 있는 것이다. 시인이 선 자리가 "어다라도 벼랑이다"는 시구를 '어다라도 벼랑이어야 한다'라고 읽는 것이 더 맞겠다는 생각을 한다. 그것은 바로 시를 향한 절체절명이 자발성에 기초한 것이기 때문이다. 개인적으로 여러 번 밝혔지만 미학적으로 보자면 시라는 장르는 패배의 운명을 감수해야 한다고 믿고 살아왔다. 시가 운동경기와 같이 당장 현실적으로 승리를 거두려는 순간 미학이 사라지거나 천박함으로 전락할 위기를 자초하기 때문이다. 시인이 벼랑으로 자신을 몰아가는 것은 단말마를 내지르기 위한 것이며 그 단말마에 모든 사상과 정서가 녹아나야 한다는 박완호 시인의 시론은 비장한 측면이 있다.

 웨이브 진 긴 머리와 청바지 차림의 박완호와 함께 다니면 늘 외모상 비교의 대상이 되어 불편한 적이 심히 많았다는 것을 고백하지 않을 수 없다. 심지어 대전의 모某 시인이 데려간 술집 주인으로부터 둘이 있는 자리에서 박완호 시인은 첫 번째로 잘생긴 분, 나는 두 번째 잘생긴 분이라는 칭찬 아닌 칭찬을 듣고 그것이 별호로 불리어진 시절도 있었으니 돌이켜보면 웃음만 나올 뿐이다. 그런 그가 매일 이른 아침 아무도 없는 교무실에 앉아 시를 쓴다는 사실에 감동과 충격을 받았던 적도 있다. 몸에 밴 부지런함과 시에 대한 알뜰한 성정이 오늘날 그를 적지 않은 권 수의 시집을 가진 중견 시인으로 만들었을 터였다. 시를 쓰는 과정에서 늘 불평을 늘어놓고 돼먹지 않은 금기와 구구한 자기변명으로 결국 나태에 빠져 버린 나 같은 자와는 비교될 수 없는 시인이기도 하다. 그런 끊임없는 자기 단련이 "벼랑"으로 스스로를 끌고 가 위태로운 지경에서 노래하게 만든 요인이었을 것이라 막연히 생각해보는 것이다.

'그것들을 토씨 하나 흘리지 않고/서로 엮어내는 황홀한 꿈을 꾼다'. 〈시인의 말〉에 실린 이 기원적 자기 고백은 시인으로서의 욕망이라는 점에서 순결하다고 할 수 있다. 토씨 하나 흘리지 않고 서로 엮어내는 황홀한 꿈이란 이 지상에서 시인이 꿈꿀 수 있는 가장 완벽한 꿈이라 할 것이다. 여기서 주목하고 싶은 것은 '서로'라는 단어이다. 그가 지향하는 세계의 편린

이 이 단어에 실려 있다는 것이 개인적 생각이다. 무엇 하나도 놓치지 않고 세계 속에 온전한 존재자로 존재케 하고 싶은 욕망이 이 말에 숨어 있다. 그의 시 세계는 어쩌면 이 내밀한 욕망으로 구성되어 있다고 할 수 있다.

　이제야 언어를 뜻대로 다루게 되었다, 는 까마득한 선배 시인의 말씀 끄덕이며 듣던 때

　이십 년쯤 되었을까 눈 부릅뜨고 마주치는 시 하나하나 뜯어 읽다 보면, 장난감 말처럼

　말 부리는 솜씨 빼어난 시인들 넘치는데, 아직 나는 언어를 마음대로 다루지 못한다

　그런 맘 먹은 적도 없다 난 그냥 언어를 데리고, 언어는 날 데리고

　한 판 신나게 놀고 싶을 뿐, 실컷 연애라도 하고 싶었을 뿐
　　　　　　　　　　　　　　　　　　　　- 「언어랑 놀다」 전문

이 시의 핵심은 "아직 나는 언어를 마음대로 다루지 못한다"는 자기반성에 있다. 언어를 뜻대로 다루게 되었다는 선배 시인과 말 다루는 솜씨가 뛰어난 많은 시인과 비교하여 자신의 부족함을 털어놓는 이 장면이야말로 박완호의 시에 대한 진정성을 확인할 수 있는 장면이기도 한 것이다. 사랑의 대상에 대해 나의 사랑이 이미 충분했다는 고백은 있을 수 없는 일이다. '다루다'라는 말도 의미심장하게 생각해 볼 일이다. 그것은 주체와 객체의 엄연한 구분을 전제로 한 것이며 주체 중심의 사고를 드러내는 것이다. 박완호 시인은 "그런 맘 먹은 적도 없다"고 고백하고 있다. 즉 언어를 하나의 도구 다루듯 해본 적이 없다는 뜻이다. 다만 "난 그냥 언어를 데리고" 놀고 싶을 뿐이다. 〈시인의 말〉에 '서로 엮어내는 황홀한 꿈을 꾼다'는 것이 바로 이 경지를 뜻하는 것이다. 이러한 의미에서 '서로'라는 말은 박완호 시인의 시에서 매우 중요한 의미망을 형성하고 있다. 나와 언어라는 공동체를 오롯하게 복원하고 싶은 욕망을 그의 시에서 읽을 수 있는 것이다.

　'그러나 시를 쓰면 쓸수록/나는 점점 초라해져만 간다'는 고백적 진술은 시를 쓰는 자의 운명과도 같은 것이리라. 시에 대한 고심참담조차 없다면 이런 고백이 나올 리도 없을 터이다. "당신 없는 삶을 떠올리면/지옥 안팎에 날 세운다"(「당신」 부분). 당신이라는 절대자는 아마도 관념으로써 시적 지향을 뜻하는 것으로 당신의 부재는 곧 지옥이라는 인식을 보여준다. 시라는 것이 자유자재의 영역이 아니라는 것은 익히 알려진 바다. 시를 쓴다는 행위는 끝없이 자신을 들여다보아야 하는 고통을 수반할 수밖에 없다. 물론 나르시시스트로서의 자기 확인도 아주 없는 바는 아니지만 윤리적 자아가 시를 쓰면서 들여다보는 거울 속의 나는 대체로 초라한 형상을 하고 있을 것이다. "당신을 생각할 때마다 나는/작은 풀벌레 한 마리 함부로 건드리지 못하고/발길에 채인 돌멩이조차 멀리 차내지 못하는/숙맥이"(「숙맥」 부분) 된다는 고백도 같은 맥락이다. 시 앞에서 "숙맥"으로 살아갈 수밖에 없는 윤리적 자아는 자신의 삶을 '비루하기 짝이 없'는 것으로 스스로 규정한다. 그의 사랑은 직진이 아니라 산모퉁이를 부끄럽게 돌아 나오는 휘어진 길에 서 있는 사랑이다.

그냥 변화구를 던져 줘, 라는 말보다

내게 커브를, 이란 말이

훨씬 매력적이란 걸

곧장 당신에게 달려왔어요, 라고

바로 들이대는 것보다는

어디를 좀 들러 오느라……, 하는

머뭇거리는 얼굴이

내 맘 더 깊이 파고든다는 걸

커브, 하고 말할 때면

어딘가 살짝 비어 있는 것 같으면서도

자꾸 빙빙 도는,

가파른 계단을 오르다 지쳐

잠시 쪼그리고 앉아 쉬는

네 흔들리는 숨결들

커, 커브라고,

내게 커브를 던져 줘, 라고 말할 때

네 혀끝에 걸려 있던 바람이

어느 순간 나를 향해 밀려오듯

그렇게 내게로 와 줘,

어디로 꺾일지 모르는

마음의 둥근 궤적을 따라

커브로, 커브처럼, 그렇게

- 「커브처럼」 전문

"곧장 당신에게 달려왔어요"라는 말보다 "어디를 좀 들러 오느라……"는 머뭇거림이 더 좋다는 것은 삶에 대한 한 태도를 들여다보게 한다. 이 시에서 "커브"라는 외래어의 음성학적 특성을 빌어 어딘가 비어 있고 빙빙 도는 너와 나의 관계를 그리고 있다. 시인의 말에서 그의 사랑이 휘청거리는 이유도 어떤 목표 달성을 위한 직진의 삶과 거리가 있는 머뭇거림과 관련이 깊다. "잠시 쪼그리고 앉아 쉬는/네 흔들리는 숨결들"에서 보듯 그의 사랑은 흔들리고 있다. 이 흔들림을 안고 가는 길이 박완호 시인에게는 시의 길일 것이다. 그에게 시란 한없는 비틀거림 속에서 "어느 순간 나를 향해 밀려"오는 바람 같은 비가시적이지만 자신의 삶을 규율하는 실체로 드러난다. "어디로 꺾일지 모르는" 긴장을 견디는 일이야말로 시를 대하는 그의 태도인 동시에 세계를 대하는 방식이라 할 것이다.

강원도 깊은 산골에서 한겨울 오래된 사람들처럼 수염을 달고 봉두난발의 형상으로 그와 술을 마시던 시절이 있었다. 아마 눈은 계곡을 내려가는 길을 끊었고 너구리를 삶는 노린내가 구름처럼 피어오를 때 굵은 소금을 찍어 고기를 서로 입에 넣어주며 히덕거리던 한 시절이 있었다. 그때도 그는 무릎까지 쌓인 눈 속에서 커브로 오는 그의 휘어진 사랑을 기다리고 있었을 것이다. 이제 우리는 얌전한 사람이 되어 간다. 우리가 가는 이 길이 자꾸 휘어진다. "커브로, 커브처럼, 그렇게".

이대흠 시집
- 『귀가 서럽다』(창비, 2010)

⟨후기⟩

엄마라는 말과 맘마라는 말은 어원이 같을 것이다. 여자가 인격이라면 어머니는 신격이다.

이 시집을 나의 어머니이자 우리의 어머니인, 장공재 여사께 바친다.

- 2010년 1월 수월산방에서 이대흠

이대흠 시인의 어른에 관해 자별한 애정과 삼가는 태도를 여러 번 보아왔다. 아마도 태생이 그러하리라 미루어 짐작만 했던 터에 이 시집을 보며 우리들의 어머니 장공재 여사가 있었다는 사실에 절로 고개를 끄덕이게 된다. 직장도 변변치 않던 시절 우리 집에 들러 하루 묶고 아침에 길을 나설 때 모시고 사는 장모님께 3만 원을 꼭 쥐여 주며 맛있는 거 사드시라고 인사를 건네던 어른 공경이야말로 이대흠 시인의 낙관적 세계관의 융숭한 기원이 되었으리라고 생각하며 지냈던 것이다. 서울-광주-제주도-장흥으로 이어지는 그의 삶의 여정에 3~4년에 한 번 마주치는 사이였지만 이상하리만치 낯설게 여겨지지 않는 사람됨을 느껴왔다. 이 시집을 받고 「귀와 모자」라는 시를 한 편 쓰기도 했다. "언제 한번/무딘 뿔로 시인들의 귀를 문질러 주고 싶다/히히덕거리며 푸른 들판 끝나는 곳까지,/거기서부터 다시/혼자다"로 끝나는 한 편의 시를 얻었고, 적막동병객寂寞同病客의 우의를 다시 한번 느꼈던 것이다. 쓸쓸한 자는 귀가 열려있는 법이다. 적막이라는 병을 능청과 해학으로 엮어내는 탁월함이란 내가 아는 한 이대흠 시인을 넘어설 자는 없어 보인다. 그렇듯 오래전 오동도 동백을 보고 걸어 나오던 석양이 비낀 그의 옆얼굴에는 선명한 그림자가 새겨져 있었던 것이다.

이대흠 시인이 전라도 방언 탐구에 남다른 관심을 가지고 있다는 것을 이미 알고 있는 터라 말에 관한 감각적 사유를 읽어낼 때마다 심정적 동의를 표해왔던 것이다. '엄마'와 '맘마'의 어원이 같을 것이라는 지적은 이미 오래전 제기된 것일 터이지만 이대흠 시인에게 자별한 그 무엇으로 다가온 이유는 철저히 경험이 바탕이 된 까닭이다. 가장 가까운 태생적 핏줄로서의 엄마라는 존재와 생존의 필수조건으로써의 맘마가 거의 같은 것이라는 인식은 그의 시가 줄곧 견지해온 모성의 위대성과 깊은 관련이 있다. 먹이는 자가 엄마라는 사실은 모든 생명체의 본능과 같은 것으로 원래 그러려니 지내는 것이 보통이지만 그 보통 속에 내재한 특별함을 찾아 탐구하는 자가 시인이라는 것을 이대흠 시인은 여실히 보여준다. 먹이는 자가 곧 신이다.

    어머니가 주신 반찬에는 어머니의
    몸 아닌 것이 없다

    입맛 없을 때 먹으라고 주신 젓갈
    매운 고추 송송 썰어 먹으려다 보니
    이런,

〈

어머니의 속을 절인 것 아닌가

— 「젓갈」 전문

"어머니가 주신 반찬"이 "어머니의 몸"이라는 인식은 먹이는 자로서의 어머니를 넘어 먹히는 자로서의 어머니를 보여준다. 어머니라는 존재는 몸을 넘어 속까지 내어준다는 점에서 "맘마"는 영과 육의 합일체로서의 성격을 지닌다. 그러니 아이에게 맘마란 육체적인 것과 더불어 심리적 끈이라는 연대가 함께 작동하는 것이다. "젓갈"이 내장을 삭혀 만든 음식이라는 점은 절인 "어머니의 속"과 상통하는 의미를 지닌다. 어머니의 썩은 속과 삭은 몸의 상징이 젓갈로 형상화된 것이다. 썩은 속과 문드러진 몸으로 자식을 먹이는 엄마 혹은 맘마는 언제 어느 곳에서나 자식의 길을 비추는 등불이라 할 수 있다.

밤이 되면 소쩍새는
울음으로 길을 놓는다

어둠 속에서도
지워지지 않는 소리의 길

〈

어린 새끼들 그 길을 따라

집으로 돌아간다

행여 길 끊어질까 봐

어미 소쩍새는

쑥둑쑥둑 징검돌

연이어 놓는다

골 깊은 봄밤

새끼 걱정에 쑥떡 얹힌 듯

목에 메어

목이 쉬어

- 「소쩍새」 전문

 보이지는 않지만 언제 어디서나 어머니의 주파수는 자식에게 맞추어져 있다. 신이 자신의 피조물의 모든 어려움을 알고 살피듯 어머니는 제힘을 다해 밤새 자식들에 대한 기원을 멈추지 않는다. 소쩍새의 울음이 어린 새끼들을 집으로 인도하는 신호이듯 어머니의 간절한 바람은 어느 먼 곳이라도 자식의 가슴에 가 닿는다. "마흔 넘어 바다 건너온 내가 바닷가를 서성이는 것은/두고 온 늙은 어미의 젖내가 갯바람에 몰아쳐서 자꾸만 자꾸만 눈이 아려"(「젓 감전」 부분)오기 때문이라는 것도 어머니의 신호가 바다 건너까지 도달했다는 것을 의미한다. 어머니의 간절한 바람은 자식들이 집으로 무사히 돌아오기를 바라는 것일 뿐 그 무엇도 없다. 방탕의 삶이든 혹 무능의 삶이든 자식들이 집으로만 돌아올 수 있다면 소쩍새의 울음처럼 멈추지 않을 것이다. 징검다리를 놓듯 우는 소쩍새의 울음에 새겨진 애절한 마음처럼 어머니의 염원은 목이 메고 쉬도록 그치지 않는다. 그리고 새벽녘이면 다시 훌훌 털어버리고 다시 일터로 나선다. 돌아올 자식을 먹일 한 그릇의 밥과 반찬을 마련하고 다시 떠날 자식에게 쥐어 줄 몇 푼의 돈을 만들기 위해 밭을 매고 뻘을 기는 것이다. 소쩍새가 울거든 어머니의 울음이라 생각하라는 깊은 속뜻이 이 시에 새겨져 있다.

이대흠 시인의 시에서 어머니를 통한 사유는 핏줄에만 국한되는 것이 아니라 범아일여梵我一如의 보다 철학적인 의미로 확장되어 간다. "나라에서는 감을 딸 때도 까치밥 두어 개는 반드시 남겨둔다 배고픈 까치는 물론 까마귀 참새들까지 모두 제 밥이다 날아와 먹는다 가을걷이할 때는 까막까치 참새를 다 쫓지만 그 어느 것이라도 굶어 죽는 건 우리 몸의 일부가 떨어지는 것이기에"(「어머니의 나라」 부분). 어머니의 나라에서는 개인의 삶도 삶이지만 때가 되면 서로서로가 보살펴야 한다. 자타가 서로의 일부를 이루고 있는 까닭에 다른 생명이 굶어 죽는다는 것은 자신의 소멸로 이어지기 때문이다. 어쩌면 이 어머니의 나라는 궁극적으로 이대흠 시인이 꿈꾸는 유토피아 일지도 모른다. 먹고 살고 배설하는 모든 과정이 어머니의 나라에서는 쪼잔한 듯 보이지만 있는 정성을 다 바쳐야 한다. 그가 꿈꾸는 유토피아는 먼 이방의 뜬구름 같은 것이 아니라 지금 이 땅에서 애틋한 마음으로 감 몇 개를 허공에 매달아두는 것일지도 모른다. 어머니의 나라에 대한 이러한 믿음은 도회의 그럴싸한 것보다 시골 마을의 어르신들을 시에 호출한다. "물마장골 아짐", "하고댁", "양산 이숙", "수문댁", "황 영감" 등 여항에 살아가는 어른들을 통하여 삶의 애환을 익살스럽게 보여준다.

    기사 양반! 저짝으로 조깐 돌아서 갑시다
    어찧게 그란다요 뻐스가 머 택신지 아요?
    아따 늙은이가 물팍이 애링께 그라제
    쓰잘데기 읎는 소리 하지 마시오
    저번착에 기사는 돌아가듬마는······

그 기사가 미쳤능갑소

　　노인네가 갈수록 눈이 어둡당께

　　저번착에도

　　내가 모셔다드렸는디

　　　　　　　　　　- 「아름다운 위반」 전문

　능청과 해학이 압권인 이 시의 주인공 또한 시골 노인네와 버스 기사로 어떤 도덕적 교훈보다도 더 큰 교훈을 함유하고 있다. 어머니의 나라에 살아가고 있는 민초들의 해학과 눈물을 그리는 것이 이대흠 시인의 시에 큰 부분을 차지하고 있다는 생각이다. 어머니의 나라에서 가장 앞에 놓인 가치는 사람과 생명이다. 어느 글에서도 말했지만 사인여천事人如天의 시적 구현을 우리는 이대흠 시인의 시에서 보게 된다. 사람살이의 단면을 툭 던져 놓은 것 같지만 칼은 예리하고 말은 오묘하다. 가난은 있지만 연민과는 거리가 멀다. 그것은 모성을 통해 도달한 공존성의 회복에 기인한다. 버스를 "쪼깐 돌아서" 가자는 노인네의 요구에 대해 "그 기사가 미쳤능갑소"라고 타박을 하면서도 번번이 돌아가는 기사의 마음이야말로 어머니의 나라에서나 있을 법한 일이다. 어쩌면 시인 백석 이후 공동체

복원의 마지막 주자로 나선 시인이 이대흠일지도 모른다.

작년 즈음 해남을 거쳐 장흥에 들렀다. 몇몇 일행이 있었던 탓으로 이대흠 시인에게 연락을 하지 않고 장흥 동학농민혁명 기념관으로 차나 한잔하러 방문한 적이 있었다. 개인적 친분의 인물들과 여행을 하던 중이라 혹 이대흠 시인에게 어떤 폐가 있을까 조심스러워 한 결정이었다. 입구에 사인여천事人如天 무량화無量花라는 그림이 압권으로 다가왔다. 그러면서 이대흠 시인도 사람을 하늘같이 섬기며 수많은 꽃을 그리고 있구나 생각했었다. 어머니의 나라에 사는 사인여천의 꽃들은 무량 무량으로 피어나겠다는 생각도 했었다. 그리고 이대흠 시인을 찾았으나 직장을 옮긴 상태라 했다. 내 무심함을 탓하면서 그냥 인사나 나누려고 전화를 했다. 예의 그의 밝은 목소리가 튀어나왔다.

"아 옮긴 지 꽤 되았소"
"얼굴이나 보고 가려 했는데 오늘은 그냥 올라가야 되겠는데. 시간도 그렇고 일행이 있어서"
"되았고 장흥여중 앞으로 오씨오"

장흥여중인가 어느 조그마한 술집에 들어서니 벌써 낙지 탕

탕이에 낙지볶음 등 남도 음식들이 준비되었고 인사를 나누고 술을 나누며 몇 시간을 보냈다. 내 얼굴을 세워주기 위해 음식과 술을 내고 자신의 시집까지 가져와 사인해서 일행들에게 나누어 주었을 터이다. 그 살뜰함이란 우리 일행을 어머니 나라의 민초로 생각했던 때문일 것이다.

어머니께 시집을 바친다는 시인의 말은 나처럼 결핍으로 살아온 자에게는 한없는 부러움으로 다가온다. "어머니의 갈라진 손바닥 틈으로/한없이 병든 식물들의 입들이/무어라 무어라 쫑알대고 있었던 것"(「어머니의 손바닥엔 천 개의 귀가 있다」 부분)이라는 시를 읽으며 '맞다'는 말을 연신 내뱉은 적이 있다. 살림으로서의 어머니는 그의 말대로 신격이라 할 것이다. 그러면서도 아래 시를 읽노라면 어떤 슬픔을 느끼게 된다. 어머니의 꽃이 이제 서서히 저물어 가기 때문이다.

    꽃이 어디 있었다냐
    다 노물이었제

    빈 땅이라면 손톱눈만 한 자리라도
    마늘이며 고추며 오이를 심었던 어머니가
    칠순 넘어 웬걸 꽃밭을 만드신다

〈

인자 가슬 되면 마당이 훤할 것이다

뜰 가득 댕댕이꽃
돌나물 구절초를 모종 내는 어머니

고방 깊숙이 무씨 두듯
감추어 두었을 설움이나 슬픔 같은 것

우북우북 피어나
얼굴 가득 꽃밭이다

만개한 저승꽃

― 「어머니의 꽃밭」 전문

  우리들의 어머니 장공재 여사의 나라는 영원할 것이다. 어떤 슬픔도 넘어설 것이다. 세상이 끝내 한날 어두워지지 않는 것도 모두 우리들의 어머니가 있기 때문 아니겠는가? 징검다리여, 징검다리여, 어머니의 울음소리여. 이를 양식 삼아 여태 우리는 걸었던 것이다.

조양래 시집
- 『제비꽃』(시평사, 2007)

〈자서〉

어린 날 시에 뜻을 두면서부터 마음 놓고

단잠 한번 자지 못했다.

나는 오늘 이 시집에 이르기까지 평생을 시에 바쳤다.

나는 타는 목으로 환상의 신기루를 찾아

사막을 헤매었다. 그러다 샘을 만나 목을 적셔도

그 시원함은 잠시뿐 어디에도 영원한 해갈은 없었다.

도처에 샘물이 있다면 신기루가 신기루이겠는가.

시를 쓸 수 없게 외로운 날이 많았다.

가시밭길을 너무 멀리 돌아왔다.

지금 난 홀로 내 그늘에서 세상으로 떠난

이들의 피멍 든 족적을 밟고 여기에 섰다.

- 2007년 3월 수원에서

 조양래 시인, 20여 년이 지난 어느 가을이었을 것이다. 수원 아주대 앞에서 몇몇 시인들과의 술자리에서 그를 만났다. 가느다란 목소리에 진한 남도 사투리 그리고 수줍게 웃는 그의 얼굴에는 우수가 깃들어 있었다. 늘 대화는 잘 이어지지 않았고 토막 난 의미의 덩어리들이 술자리를 떠돌았다. 그가 혼자 밥을 먹고 혼자 생각하고 혼자 시를 쓰는 인간형이라는 사실을 어렵지 않게 간파할 수 있었다. 그에게는 어떤 외적 격렬함도 없었으며 시에 대한 자신의 소견을 뚜렷이 밝히는 법도 없었다. 다만 가끔씩 서글서글하면서도 광기를 띠던 그의 눈빛이 있었을 뿐이다. 그 광기의 눈빛 속에 그의 시가 녹아 있었을 것이다. 연배로 한참 아래였던 내게도 함부로 하대를 하지 않았으니 그의 여린 성정도 알 법했다. 돌아보니 개인적으로 그를 만난 기억이 없었다. 그와의 만남은 술자리에서 술자리로 이어져 종래는 어떻게 헤어졌는지조차 기억나지 않았다.

그리고 몇 해 전 그가 세상을 떠났다는 소식을 접했다. 서가에 꽂힌 그의 시집을 꺼내 보다가 어떤 쓸쓸함이 몰려왔다. 그리고 길지 않은 생이었지만 시에 일생을 바친 자에게 우리의 애도가 너무 형식적인 것은 아니었는지 되물었다. 시 한 편은, 적어도 시 한 편은 제대로 읽어주어야 하는 것은 아닌가? 결혼도 마다했으니 그가 세상에 남긴 단 하나의 유품은 한 권의 시집 『제비꽃』이다. "그렇다 우리에겐 고향이 없다"(「실향」 부분)라고 고백했던 쓸쓸한 실존 앞에 맑고 시원한 물 한 대접을 올리고 싶다.

〈자서〉의 시작은 시로 인하여 곤고했던 한 인간의 고백에서 비롯된다. '어린 날 시에 뜻을 두면서부터 마음 놓고 단잠 한 번 자지 못했다'는 고백은 가슴을 울린다. 그리고 되묻게 된다. 시란 무엇인가? 왜 시에 들린 자들은 발 뻗고 단잠조차 편히 잘 수 없는가? 예민한 감각의 촉수가 시와 접선 되는 순간들은 예고 없이 찾아오는 법이며, 늘 시라는 물가를 서성일 때라야만 시의 편린을 조우하게 되는 것이다. 시의 물가에 감각을 드리우고 기다리는 시간은 불면으로 이어지기 십상이며, 일상적인 생의 감각은 퇴화를 거듭하게 되는 측면이 있다. 돌이켜 보니 조양래 시인의 경우가 그랬던 것 같다. 그와의 일상적 대화가 뭉텅뭉텅 끊어졌던 이유도 시적 사유와 일상의 사유가 혼동의 양상을 띠었던 때문이었다. 그가 시에 얼마나 골몰했는가를 보여주는 장면이라 할 것이다. 그렇다면 시인으로서의 자의식은 밤하늘의 별처럼 빛났던 것일까?

> 길가엔 마지막 여름 태양에 잎새를 붉히는 가로수
> 붉어가는 이파리에서나 세월의 자양을 얻는 나
> 나는 저 굳센 근육으로
> 철근을 세워 올리는 도시 건설자의 적이다
> 굉음을 지르며 달리는 자동차의 적이다
> 나는, 번쩍이는 유리의 거리에서 난
> 어디에도 흔적을 남기지 못했다
> 이 도시에서 나는 하나의 건달에 불과하다
>
> - 「시인」 부분

그의 시에 등장하는 공간은 두 곳이다. 고향인 해남 사구미 일대와 수원 화서동 일대가 그곳이다. 수구지심으로서의 고향은 그리움의 원천일 터이며 수원 화서동 일대는 삶의 터전으로서 기능했을 것이다. "도시" 혹은 "유리의 거리"는 삶의 터전인 동시에 자신과는 상관없는 이방의 거리로 그려진다는 점에서 역설적이다. 도시에서의 삶은 시인으로서의 자의식을 "건달"로 규정하게 만들었다. 문맥을 잘 읽을 필요가 있는데 나의 적이 그들이 아니라 그들의 적이 나라는 사실이다. 도시에서 그가 추구하는 것은 도시인의 일상적 행태와는 아무 관련이 없을뿐더러 그들과의 관계조차 수동적인 양식으로 나타난다. 시를 통해 도시의 생산적 시스템에서 누락된 자의 부끄러움과 동시에 자본주의의 전형인 도시에서의 삶을 전적으로 거부하는 몸짓을 보여주는 것이다. 이 전도된 가치의 추구는 그의 시에 명백히 새겨져 있다.

> 난 오늘도 외로움의 끝까지 헤매며
> 강둑을 홀로 걸었다 언제나 그렇듯이 홀로이
> 외로움을 견디다 못해 죽음을 곧잘 떠올리며
> 죽음이 두려우면 슬픔에 의존하며 그렇게 강둑길을 홀로이
> 언제나 우리 게으른 일상이 그렇듯이
> 내가 보는 수면은 주름진 물비늘로 빛났다가
> 힘을 잃은 채 금세 수평으로 되돌아왔다
> 난 햇볕에 따사로운 양지보다는
> 역광으로 향했을 때 가려 보이는 어스름의 우수에 평생을 바쳤다
> 사람들이 그저 우수 지나치며 아늑한 양지를 택했을 때

나는 눈부신 역광의 그 우수에 대해

모든 고뇌에 대해

내 모든 의지를 다해 반역을 가하려 애썼다

- 「역광의 외길」 부분

"외로움"이 "죽음"에 기대고 "죽음"이 "슬픔"에 의존하며 걷는 일이란 비극의 한 정점이라 할 것이다. 우리들의 일상이란 그의 시처럼 주름진 수면이 금세 수평으로 돌아오는 것 같은 탄성을 가지고 있다. 이 탄성은 일상이라는 이름으로 우리를 보호하고 왜곡된 현실을 가려주어 평범한 삶을 영위하도록 해주는 것이다. 일상의 탄성이 지향하는 바는 아마 그의 시에 표현된 "양지"에 해당할 것이다. 양지에 대한 지향을 포기한다는 것은 예술적 태도의 한 기원이기도 하지만 그것이 주는 현실적 괴로움이란 두말할 필요가 없을 터이다. "역광으로 향했을 때 가려 보이는 어스름의 우수에 평생을 바쳤다"는 고백은 그의 시적 행로를 여실히 보여주는 표현이다. "어스름의 우수"가 그에게는 시의 다른 이름이었던 것이다. 그렇다면 시 제목인 "역광의 외길"은 시인으로서의 여정을 뜻하는 것이라 할 수 있다. 문제는 "내 모든 의지를 다해 반역을 가하려 애썼다"는 사실이다. 삶을 위한 적절한 안배나 조화 그리고 생활의 추구 같은 것은 팽개친 채 역광의 반역에 골몰했다는 사실에 모골이 송연해져 온다.

이 시집은 "나는 오늘 이 시집에 이르기까지 평생을 시에 바쳤다."는 고백처럼 시인의 제의의 결과물이기도 하다. 그가 살아 있다면 난 아마 말렸을 것이다. '형 너무 그러지 마세요'. 그러면 그는 내게 이렇게 말했을 것이다. '시 똑바로 써. 술이나 먹자'. 현실적으로 무기력했던 시의 순교자가 조양래라는 생각을 하게 된다. 그에게도 더러 일상적인 욕망이 있었다고 나는 믿고 싶다. "험한 세상 굳은 힘 그만 풀고/잡초 무성한 옛집으로 다시 가 살고 싶다"(「굳은 힘 그만 풀고」 부분)라는 시에서 곤고했던 한 시인의 초상을 떠올리게 된다. 유토피아로서 옛집은 사실 어디에도 없을 것이지만 고향에 가까운 이미지로 남아 있을 뿐이다.

> 천변에 오두막 한 채
> 슬레이트 처마엔 생기 찬 고드름 줄기
> 굴뚝엔 휘날리는 하얀 김
> 단칸방은 꿈결이었다
> 내일 일은 생각하지도 않았다
> 방 안은 불 속이었다. 김이 퍼지는

떡덩이 가운데 두고,

흰 떡살에 고물이 뿌려지고

누렇게 늘어진 떡덩이 온기 속에서

아이들은 구르며 뛰며 제 세상이었다

갈대도 숨죽인 밤

창밖엔 폭설이 갈대의 키를 넘고 있었다

- 「설일雪日」 전문

  이 장면이 사실인지 혹은 상상인지는 중요하지 않다. 사실이라면 어린 시절 고향의 모습일 테지만 상상이라면 그가 그나마 지향했던 가족의 모습이라는 것이 중요하다. "내일 일은 생각하지" 않아도 되는 "꿈결" 같은 공간을 그가 마음속에 간직했다는 사실은 시를 읽는 내게 큰 위안을 준다. 밖은 한없이 춥고 방안에 모인 식구들이 내뿜는 열기와 따뜻한 인절미의 온기는 그가 꿈꾸었던 가족이며 행복의 구체적 형상인 것이다. 그의 꿈은 소박했지만 시 속의 설일에 그는 당도하지 못했다. '가시밭길을 너무 멀리 돌아왔다.'는 〈자서〉처럼 그는 자신이 꿈꾸었던 세계로 가기 위해 현실의 길을 걸었다기보다는 시라는 절대 가치를 향해 가시밭길을 걸었던 것이다. '샘을 만나 목을 적셔도 그 시원함은 잠시뿐 어디에도 영원한 해갈은 없었다.'라는 고백은 단지 시를 향한 고단한 발걸음에만 해당되는 것은 아닐 터이다. 존재의 의미를 찾아 나선 이 세계의 실존 대개가 도달한 곳이 그 언저리 즈음일 것이다. 그러나 창밖에 내리는 폭설은 결국 그의 꿈을 덮고 말았다. "우리 너무 먼 데까지 오지 않았는지/우린 누구이며 정체는 무엇인지"(「시한부의 가을에」 부분) 스스로에게 묻는 장면은 외로움과 죽음이 뒤섞여 실존의 파멸을 예고하는 비극성을 띠고 있다. '시를 쓸 수 없게 외로운 날이 많았다'라는 자서는 이러한 비극성의 한 과정이었다 할 것이다. 외로움과 죽음이 하나의 반죽처럼 엉클어져 영혼의 슬픔을 불러일으키는 한 편의 시를 만나는 것은 사실 독자의 입장에서 고통이기도 하다.

> 할머니 오래 사세요 오래오래
> 그렇게 부르던 내가 서쪽으로 기울어갑니다
> 고망주야, 강아지야, 머리 쓸던 할머니 곁에서
> 기운 가을 햇빛은 얼마나 가득했던가요
> 할머니 계신 곳도 가을이 있나요
> 거기서도 짧은 해에 그림자 길어지고
> 울적함이 깃드는 가을이 있는가요
> 그렇다면 절 불러주세요 기운 햇살에

할머니 그늘에 묻힐 테니

절 불러주세요

찬바람에 쫓긴 풀벌레들 쓸쓸한 울음소리에

세상 슬픔 더하고

짧은 해에 마음에 가라앉던 그곳에서

할머니, 할머니 발길 쫓아 우리 집으로

석양의 들길을 가는 건 얼마나 기쁜 꿈이었던가요

- 「가을에」 전문

 자서에 '지금 난 홀로 내 그늘에서 세상으로 떠난 이들의 피멍 든 족적을 밟고 여기에 섰다'고 쓰고 있는데 그 대표적인 사람이 할머니이다. 위 시에서 죽음으로 기울어진 시인의 의식을 읽는 것은 어렵지 않다. "내가 서쪽으로 기울어" 간다는 시 구조차도 죽음과 연관 짓지 않을 수 없다. 할머니와의 추억도 풍성한 가을 햇살이면 되었을 것을 "기운 가을 햇빛"으로 그리고 있다. 온통 죽음의 빛깔로 묻어나는 이 한 편의 시는 죽음에 기댄 외로움이 죽음 속으로 서서히 침잠해가는 형국을 하고 있다. "할머니 발길 쫓아 우리 집으로/석양의 들길을 가는 건 얼마나 기쁜 꿈이었던가요"라는 진술은 아름답고도 슬프다. 또한 그가 꿈꿀 수 있는 행복의 선택이 얼마나 한정되어 있었는가 하는 것을 보여준다. 오십 중반 가까이 살아오면서 모든 행복을 저 어린 시절 할머니 혹은 친구들에게 담보 잡힌 채 시라는 가시밭길을 걸었다는 사실은 시를 읽는 이의 심금을 울린다. 인생의 옳고 그름의 선택이 어디 있겠는가? 다만 그가 가을로 떠났다는 사실만 진실일 것이다. "저, 우형 한 잔만 더 하지". 깎지 않은 그의 듬성듬성한 수염을 적신 술기운이 아직 마르기도 전이었다. 형의 표제시 「제비꽃」을 읽는 것으로 한 잔 맑은 술을 올리는 바이다.

> 우수의 빛이 깊고 깊은 거기
> 날 저문 들길의 제비꽃처럼
> 네 어두운 안색에 밝은 이마를
> 련아 어디서도 보지 못했다
> 거칠게 서걱대는 마른 풀잎의 슬픔 속에
> 서녘 햇살마저도 네겐 눈이 부셔
> 난 이제야 거침없이 서글피
> 너를 거쳐 제비꽃에 이르렀다
> 련아 어디서도 쉬 보지 못했다
> 내게 말 못 하는 수줍음에
> 바로 보지 못하고 숙여버리는 네 얼굴을

아직껏 어떤 뜨거움도 거치지 않은 파르란 네 입술을

난 어디서도 쉬 보지 못했다 서풍 속에

서풍 속에 눈물 어린 네 눈동자를

겁먹은 듯 눈물 어린 까만 네 눈동자를

사방을 둘러봐야 거기가 또 거기며

내다봐야 나아갈 미지 창공에 막히는데

우리 헛바람에 불려 헤맨들 그 무엇의 끝에 닿으랴

서풍 속에 날 올려다보는 네 눈동자는 물처럼 맑고

너와 나 이제 마주 보며 보랏빛이니

련아 련아 서산 아래 손잡고 마주 앉아

헤아려보면 슬픈 세상 서로가 아니고 누가 있겠느냐

-「제비꽃」전문

유승도 시집

- 『천만년이 내린다』(푸른사상사, 2015)

〈시인의 말〉

별들이 반짝이는 땅

- 별을 바라보는 사람들에게

별을 바라보는 사람은 별이랍니다

웃으며 바라보면 웃는 별이랍니다

울면서 바라보면 우는 별이랍니다

〈

친구의 얼굴에서 별을 보는 사람은 별이랍니다

선생님의 얼굴에서 별을 보는 사람은 별이랍니다

부모님의 얼굴에서 별을 보는 사람은 별이랍니다

이웃 아저씨나 아주머니의 얼굴에서 별을 보는 사람은 별이랍니다

나뭇잎이나 풀잎이 바람에 흔들리며 반짝반짝 빛나는 모습을 바라보는 사람은 별이랍니다

툭 발로 찬 돌멩이가 굴러가는 모습이 아프게 다가오는 사람은 별이랍니다

재잘재잘 흐르는 강물 소리를 벗 삼아 걸어가는 사람은 별이랍니다

자신이 별임을 아는 사람은 누가 뭐래도 별이랍니다

자신이 이 땅의 별임을 아는 사람은 언제까지나 이 땅의 별이랍니다

2015년 망경대산에서

유승도

이 시집의 시인의 말에 의하면 우리는 누구나 별이다. 장광

설의 난무와 장르의 형식마저 의심케 하는 극심한 혼돈이 오늘날의 시판이라는 것은 굳이 거론할 필요도 없을 터이다. 개인적 평소 지론은 알아서 각자의 길을 가자는 것이다. 길을 가다가 문득 돌아보면 그리운 것들이 있다. 내게 유승도 시인과 그의 시들이 그러하다. 어둠 속에서 으르렁거리는 한 마리 짐승과 반짝이는 별 하나, 참 어울릴 것 같지 않지만 절묘하게 조화로운 풍경을 떠올리곤 한다. 삼사 년 전 소설가 김도연의 주선으로 봉평 도서관 개관 시낭송에 참석한 적이 있었다. 유승도, 박정대, 장석남, 이홍섭, 박제영 등의 시인들과 시에 대한 이야기를 나누고 낭송하는 프로그램이었다. 토요일 저녁 때 잡혀 있는 행사니 자연스럽게 1박 2일이 될 공산이 컸다. 봉평 읍내에 차를 대고 슬슬 걸어가다가 그 일행을 만났다. 싱글 자켓을 멋지게 걸친 장석남, 큰 키에 일제강점기 지식인을 연상시키는 이홍섭, 올백의 긴 머리에 수염을 기른 카리스마의 박정대, 예리하면서도 따듯한 시선의 박제영 그리고 선연한 콧수염을 기르고 느릿느릿한 말투에 가방을 둘러맨 유승도. 서로 악수를 나누고 다방에 들어가는 뒷모습을 지켜보고 있자니 외지에서 건너온 건달 같은 인상을 받았다. 무엇을 접수하러 왔나, 다방 아가씨는 주문대로 차를 내오면서도 자꾸 수상한 시선을 보냈다.

"이렇게 같이 다니지 말자니. 건달로 오해하겠다니"

   이홍섭 시인이 말했다. 유승도 시인은 씩 웃고 있을 뿐이었지만 강원도 산골서 호랑이를 잡다 내려온 차림이었다. 약간은 피곤한 듯 몸에서는 온갖 산내를 풍기며 국밥이나 한 그릇 말아먹고 나면 다시 산으로 떠날 사내의 모습으로 앉아 있었다. 시에서도 포유류 맹수의 거친 호흡을 느낄 수 있었다.

   등성이에 털을 곤추세운 산들이 맥을 일으켜 달리는 12월,
  바람 일어 눈과 햇살이 흩날리는 문밖으로 나선다

   가자, 나도 산이다
- 「산에 사니 산이요」 전문

   저 호랑이 같은 사내가 시를 쓰고 위와 같은 시인의 말을 썼다는 것은 참으로 아이러니하다. 사랑스럽고도 귀여운 시인의 말의 부제는 "별을 바라보는 사람들에게"이다. 이 시대에 별이 가당키나 한 소리인가 생각하다가도 별을 바라볼 수 있는 마음의 상태를 한없이 동경해보기도 하는 것이다. 시인의 말을 들여다보면 유승도 시인의 세계인식을 그대로 볼 수 있

는데, 대상을 통해 자아를 인식한다는 특성이 있다. 끝없는 긍정의 세계관은 대상을 끝없이 긍정하는 것에서 비롯된다. 친구의 얼굴에서 별을 보는 사람은 별이 된다는 일상에 가까운 말에서 불교적 게송이나 법어를 떠올리는 것은 유승도 시인의 발화가 내면적 육성을 동반한 까닭이다. 그의 시는 더러 투박하게 보일지언정 가성을 쓰지는 않는다. 이 육성이야말로 유승도 시인의 시를 차지고 힘차게 끌고 가는 동력이 된다. 흐벅진 의성어의 구사는 이 시집의 압권인데 대상에 밀착된 세계인식에서 비롯된다는 것이 내 개인적 생각이다. 새소리와 같은 경우 의성어의 구사는 그럴 것이라 생각되지만 「봄, 초록빛 웃음소리」 같은 시는 자아를 대상에 전면적으로 투사의 결과이다. "까르르르르르르르 까르르 르르르 까르르르 까르르/까까까까 라라라라 까라라 라라라라 까라라라까라라"(「봄, 초록빛 웃음소리」 전문). 봄이 웃는 모습이다. 이것이 물아일체物我一體가 아니고 무엇이겠는가? 유승도 시인의 또 다른 시적 근간은 대상에 대한 연민과 애정이다. "툭 발로 찬 돌멩이가 굴러가는 모습이 아프게 다가오는 사람은 별이랍니다"라는 시인의 말에서도 알 수 있듯이 그에게 별이란 대상을 한없이 품어내는 힘이다. 호랑이 사냥꾼같이 거센 사내의 형상 안에 고인 그의 진면목은 따뜻함 그것이다.

십여 년 전 만경대산 그의 집 근처에서 선후배들과 2박 3일로 먹고 논 적이 있다. 김삿갓 계곡에서 족대로 고기를 잡아 매운탕을 끓이고 그와 술잔을 나누며 그의 노래를 듣고 포효하는 듯한 그의 시를 들었다. 사내라는 말이 이처럼 어울리는 사람도 별로 없을 것이다. 그러나 아래와 같은 시를 보면 그에게 손을 내밀고 싶다. 그가 왜 별이 되었는지, 모든 사물을 별로 보는지 알 것도 같다.

> 도랑물에 손과 얼굴을 씻고 일어나 어둠이 내리는 마을과 숲을 바라본다
> 끄억끄억 새소리가 어슴푸레한 기운과 함께 산촌을 덮는다
> 하늘의 하루가 내게 주어졌던 하루와 함께 저문다
> 내가 가야 할 저 숲도 저물고 있다. 사람의 마을을 품은 숲은 어제처럼 고요하다
> 풍요롭지도 외롭지도 않은 무심한 생이 흐르건만, 저무는 것이 나만이 아님은 문득 고맙다
>
> ― 「저녁 무렵」 전문

"하늘의 하루가 내게 주어졌던 하루와 함께 저문다"는 고백에서 따뜻한 위로를 느낀다. 어쩌면 그는 호랑이 사냥꾼이 아

니라 별을 낚는 사냥꾼인지 모르겠다. 만경대산을 누비며 별을 따 모아 가끔 인간 세상에 보내주는 것이 아마 그의 시일 것이다. 11월의 저녁 나도 '문득 고맙다'.

유종인 시집
- 『양철지붕을 사야겠다』(시인동네, 2015)

〈시인의 말〉

여기 없거나 멀어진 것들을 불러볼 때가 있다.
가만히 예전에 없던 마음을 데려올 때가 있다.

2015년 가을 정발산 자락에서

유종인

유종인 시인의 시는 유려한 문체 속에 툽툽한 마음의 정을 불러일으킨다. 발분發憤의 정情, 그가 시에 얼마나 노심초사하는지 알 수 있다. 시에 대한 정신력으로 치자면 아마 대한민국 시인 가운데 우뚝할 것이다. 오래전 그가 붓글씨 한 점을 보내왔다. 대교약졸의 흩날리는 체로 쓴 그 글은 지금도 책상 유리 밑에 놓여있다. 검초일숙劍草一宿. 과문한 나는 일찍이 그 글을 본 바가 없었고 또한 게을러 출전을 찾아보지 못한 채 도반의 애정으로만 이해하고 있었다. 다만 당시의 마음과 상통하는 면이 있다고 마음으로 어림할 뿐이었다. 정주하지 못한 채 흔들리는 마음의 결을 오갈 때였다. 어쩌면 그도 그렇지 않았나 짐작할 뿐이다. 초헌艸軒이 그의 호였던가. 정발산의 백의처사가 보내준 한 편의 글이 그렇게 많은 위로를 주었다는 사실을 그는 아마 모를 것이다.

이 시집에 실린 그의 자서는 유독 짧다. '여기 없거나 멀어진 것들을 불러볼 때가 있다'라는 말은 그가 우리 시의 최전선에 서 있으면서도 수사적 방법론에 골몰하기보다는 세계와의 관계 그리고 그에 대한 마음의 정에 입각해 있다는 것을 보여준다. 특히 그가 힘주어 '여기 없거나 멀어진 것'이라고 말한 부분에 유종인의 정수가 도사리고 있다. 소외의 시학이라 부를 만한 그의 발언은 그저 얻어진 것이 아니라 세상살이의 형극을 통과하는 과정에서 득한 지혜로움에 맞닿아 있다. 한문에 깊은 이해가 있는 그이고 보면 사단四端으로서 측은지심과 같은 개념이 더해졌을 수도 있겠다는 생각을 하게 된다. 나아가 속도를 물질로 산출하여 시간을 거래하는 오늘날의 세태에 대한 반기가 오롯이 담겨 있다. 시집에 수많은 사물 특히 자연물에 대한 묘사와 인상이 곁들여져 있음을 보고 여기서 멀어진 것들이 다만 사람을 의미하는 것이 아님을 어렵지 않게 알 수 있었다.

시는 도대체 무엇인가 하는 물음은 고래로 이어져 온 고전적인 질문인 동시에 시인의 입장에서 이에 대한 답은 자기 초상의 극명한 단면을 보여주는 것이다. 「주문」이라는 시를 읽으며 고개를 주억거리다 몇 번을 그러다가 슬며시 유종인이 두려워지기도 하였다. "젊은 장정들을 부리는 숙수熟手의 할머니는 도끼눈을 뜨고 안개가 묻은 내 등짝을 후려쳤다. 너는 도대체 뭐 하는 놈이냐 대처에 나가서 몇 섬의 사랑을 짊어지길 했느냐". 대처에 나가서 짊어진 사랑의 단위, 몇 섬. 이 세상에 나와 물 몇 통을 길어 준 일뿐이 없다고 부끄럽게 말하는 김종삼의 육성이 떠오른다. 몇 통과 몇 섬. 여기서 끝났으면 고개를 주억거리고 말았겠지만 천하의 검객은 칼집 안에 서린 검푸른 칼날의 서늘함을 보여준다. "이제 내가 거장의 할머니 등짝을 가벼이 친다. 그만 돌아가시라 늙은 찬모饌母여 이제 하늘과 땅의 숙수인 사랑의 칼을 들풀 속에도 꺼내 쓰리니 홀로 더불어 이 유한 말단末端인 나를 모두에게 열어 먹일 차례이니". 이제 그가 사랑의 칼을 들풀 속에서 집어 들고 개벽의 세상을 맞이하겠노라고 선언하고 있다. 후천개벽, 유한한 자신을 모두에게 먹임으로써 새로운 세상을 열겠다는 결의를 보며 머리가 쭈뼛거리는 한기를 느꼈다. 고난과 시련을 툭툭 털고 일어서서 먼 곳을 내다보는 자의 고뇌 혹은 웅혼함을 그의 시에서 느끼는 것이다.

  그의 시 한 편에 아로새겨진 고답적高踏的 상상력이 가지는 진정한 가치는 고현학考現學적 상상력에 그 줄을 대고 있기 때문이다. 다만 과거의 풍경 혹은 흔적으로서의 고답이 아니라 그것의 현재적 의미가 무엇이냐는 집요한 물음이 그의 시에 아로새겨져 있다.

      아내는 내 벼루 눈독을 쓸쓸한 고답이라고 눈총이지만
      보라, 생활보다 오래 산 뱃구레가 홀쭉한 벼루들
      나는 편애로 더듬을까 보다, 나는 편애를 키워
      가난마저 더 맑힐까 보다, 가끔 족제비가 내준 털을 적혀
      편애해 마지 않는 당신을 부를 천치의 내 시편들
      무릉도원과 저자市場를 한 초서草書로 흘려 부를까 보다

- 「벼루를 놓치다」 부분

유종인 시인의 벼루에 대한 관심과 고어 투의 우리말 구사에서 느낄 수 있는 상고적商古的 취향이 주는 참된 의미는 무릉도원과 저자를 모두 아우른다는 데 있다. 무릉도원과 저자는 유종인 시인의 내면 풍경을 포함하고 있다. 무릉도원과 저자를 통과한 천치와 같은 자신의 시를 초서로 흘려놓겠다는 것은 〈시인의 말〉 '가만히 예전에 없던 마음을 데려올 때가 있다'는 진술과 상통하는 면이 있다. 시집 뒤표지에서 그는 "어떤 권력과 첨단으로도 억압할 수 없는 마음의 본향本鄕 같은 게 있다"고 진술하고 있는데 이 마음의 본향이야말로 '예전에 없던 마음'의 출처라고 할 수 있다. 그렇다면 그는 마음의 본향을 향해 부단히 걷고 있는 중이다. 시집 뒤표지에서 다시 그는 마음의 본향을 "감각적이지만 현세적으로 누릴 수 있는 깨달음에 가까"운 것이라고 규정하고 있다. 그의 시가 고답적이면서도 고현학적 상상력에 위치한 까닭을 어렴풋이 알게 해주는 부분이다.

'여기 없거나 멀어진 것들'과 '예전에 없던 마음'을 불러내는 그의 시적 상상력은 감각 너머 견인주의자로서의 풍모를 느끼게 해준다. 그러나 여전히 감각적이다. 수많은 자화상을 그

렸던 고흐처럼 그는 끝없이 자신의 시에 대해 묻고 있다. 아래 수일한 한 편의 시도 마음의 본향으로 가는 시의 여정을 조금은 쓸쓸하게 보여준다.

반쯤 물든 감잎 그늘에
청시淸枾의 입덧이
검푸르다

나올 듯 나오지 않는
헛구역질 끝에
몇 방울 눈물만
내비치는 시여

고역도 비명도 다 감춘
푸른 하늘
말간 하품
생모래 씹히는 발가락 사이

- 「초가을」 전문

김나영 시집
- 『수작』(애지, 2010)

〈시인의 말〉

내 시가 심입천출深入淺出하기를 바랬다

의도가 앞서고 얕은 수작만 늘었다

나 살아가는 일이 이와 다를 바가 없겠다

써도써도 엄살만 같은 시들

⟨

내 죄가 깊다

2010년 가을

김나영

⟨시인의 말⟩ 첫 줄부터가 심상치 않다. 심입천출深入淺出. 이 말의 근원과 출처를 찾고 따져 보는 것이야 어려운 일이 아닐 터이지만 그러지 않기로 한다. 시인이 원하는 바가 아닐 듯싶다. "깊이 들어가서 얕게 나온다" 혹은 "깊은 곳으로 들어가서 낮은 곳으로 나온다". 어떻게 이해해도 시인의 의도는 알 것 같다. 김나영 시인의 시를 읽으면 여항의 장터에서 벌어지는 생생한 육성 같은 것을 느끼곤 한다. 그 육성은 철저히 여성의 목소리를 띤 까닭에 남성 독자들의 경우는 늘 팽팽한 긴장을 유지한다. 더러 그녀가 쓴 시구를 이불로 덮어 아무도 못 보게 하고 싶은 욕망을 갖기도 한다. 그러나 내공이 깊은 그녀는 나같이 유치한 독자를 비웃으며 자신의 육성을 내지르고 그로 인해 터진 상처를 잘도 기운다. "그 어느 날 내가 바닥에 잘 드러누운 덕분에 아이가 만들어졌고/내 몸을 납작하게 깔았을 때 집안에 평화가 오더라"(「바닥론」 부분)라고 툭 내던

졌을 때 긍정과 부끄러움의 양가감정이 슬며시 피어오르는 것을 느낀다. 아마 이 지점이 아닐까 싶다. 심입천출深入淺出. 일상의 국면에 대한 시인의 고민은 심각하기 짝이 없을 테지만 시는 그렇지 않다. 이해하기 쉽다.

>
> 브래지어 착용이 유방암 발생률을 70%나 높인다는
> TV를 시청하다가 브래지어 후크를 슬쩍 풀어 헤쳐본다
> 사랑할 때와 샤워할 때 외엔 풀지 않았던
> 내 피부 같은 브래지어
>
> (중략)
>
> 허전함을 다시 채우자
> 그때서야 가슴이 경계태세를 푼다
> 와이어와 후크로 결박해야 비로소 안정을 되찾는
> 나는 문명이 디자인한 딸이다
> 내 가슴둘레엔 그 흔적이 문신처럼 박혀 있다
> 세상 수많은 딸들의 브래지어 봉제선 뒤편
> 늙지 않는 빅브라더가 있다
>
> ―「브래지어를 풀고」 일부

브래지어를 풀어서 자신의 유방을 편안하게 해주고 싶다는 욕망은 쉽사리 관철되지 않는다. 브래지어를 푼다는 행위를 여성 해방의 문제로 치환해가는 과정에서 내면화된 억압의 상처를 발견한다. TV를 시청하는 일상에서 여성의 가슴을 규제하는 빅브라더가 존재한다는 것을 인지하는 과정은 매우 드라마틱하다. 심입천출深入淺出이 무엇인지를 보여주는 좋은 예를 이 시에서 볼 수 있다.

그러나 김나영 시인은 '의도만 앞서고 얕은 수작만 늘었다'고 스스로 반성하고 있다. 여기서 수작이란 "수작을 꾸미다" 같은 의미로 해석할 수 있을 것이다. 자신의 말이나 행동을 낮잡아 이르는 말. 시인의 말을 그대로 쫓아가면 시의 심입천출을 꿈꾸었으나 그 경지에 이르지 못하고 수작으로 전락했다는 비판을 스스로에게 하고 있다. 시의 문제가 본격적으로 삶의 문제로 전이해간다. '나 살아가는 일이 이와 다를 바가 없겠다'. 이 지독한 반성은 어디서 비롯되는가?

>산도둑 같은 사내와 한번 타오르지 못하고
>손가락이 긴 사내와 한번 뒤섞이지도 못하고
>물불 가리는 나이에 도착하고 말았습니다
>모르는 척 나를 눈감아줬으면 싶던 계절이

맡겨놓은 돈 찾으러 오듯이 꼬박꼬박 찾아와

머리에 푸른 물만 잔뜩 들었습니다

이리 갸웃 저리 갸웃 머리만 쓰고 살다가

마음을 놓치고 사랑을 놓치고 나이를 놓치고

내 꾀에 내가 넘어가고 말았습니다

암만 생각해도 이번 생은 패牌를 잘못 썼습니다

- 「사랑에 부쳐」 전문

 자신의 삶도 역시 수작에 불과했다는 고백은 시를 종교로 삼은 자의 내면적 목소리를 담고 있다. 시와 삶은 일치할 수 있는가 하는 문제에 쉽게 답하기 어렵다. 분명한 것은 살아가는 과정 속에 시가 빚어진다는 것이다. 시인은 의도가 앞서고 수작만 늘어있는 자신의 시를 아무 의심 없이 자신의 삶에 대입하고 있다. 시와 삶을 대입시켰을 때 어떤 모자람이나 남음이 없는 상태란 어떤 것일까? 두렵기조차 하다. 위 시는 이번 생의 실패를 "마음을 놓치고" 스스로의 꾀에 넘어간 결과라고 쓰고 있다. 바둑에서 패라는 것은 자신이 얻을 바에 상응하는 손해를 감수할 때 묘미를 얻는 것이다. 패를 잘못 썼다는 것은 지나치게 손해를 보았거나 혹은 손해를 두려워하다가 상대에게 그 결정권을 빼앗겼다는 말이다. 그러나 시를 보건대 그 상대 역시 자신이었을 가능성이 농후하다. 물불 가리지 않는 나이에도 끝없이 자신과 윤리적 싸움을 할 수밖에 없었던 삶을 테두리를 그는 스스로의 꾀에서 비롯되었다고 보는 것이다. 진짜 무서운 일이다. 시가 삶의 실사實寫로 이루어진다는 사실. 그러니 윤리적 결단으로 이루어진 자신의 삶을 "엄살"이라고 단호하게 규정할 수 있으리라.

 시의 숭배자로서 시를 향한 시인의 수행은 절대에 가깝다. 온몸이 발이 될 때까지 "깊고 푸른 대양大洋 밑바닥까지 기고 또 기었을"(「불립문자를 위하여」 부분) 문어처럼 시인의 행보도 절대 지경에 대한 간절한 바람으로 가득 차 있다. 이 마르지 않을 경건한 마음이야말로 김나영 시인의 시를 이루는 근원이라 할 것이다. "푸른 잉크 몇 병을 들이마시면/나는 나의 대양大洋에 다다를 수 있을까"(「불립문자를 위하여」 부분)라는 시인의 독백을 읽고 난 후 '내 죄가 깊다'라는 시인의 고백을 알 것도 같고 모를 것도 같다. 분명한 것은 살든 죽든 김나영 시인은 시의 대양에나 가야 만날 수 있으리라는 사실이다.

정용주 시집
- 『인디언의 女子』(실천문학사, 2007)

〈시인의 말〉

돌이끼 마른 계곡

다각거리며 가재가 기어간다

거품을 물어 혀를 축인다

눈알만 물렁한 각질의 정신

〈

물먹은 모래굴을 찾아간다

누가 이 피 묻은 붕대를 풀어줄 것인가

            '불멸'에게 이 시집을.

 정용주 시인이 원주에 기거하던 십여 년, 치악산 금대리는 우리의 학교였다. 폐허의 배움터였다. 몇 날 며칠 술로 허물어진 몸을 계곡 깊이 박고 하늘을 보고 있노라면 그냥 금대리의 한 나무로 남고 싶었던 적도 있었다. 지게에 솥단지를 걸쳐 매고 놀러 다니던 시절이 너무나 아득하다는 느낌을 지울 수 없다. 사람 하나 만나지 못하는 원시의 계곡에서 벌거숭이가 되어 바위에 앉아 젖은 몸을 말리며 희덕거리던 그런 시절은 다시 돌아올 수 없을 터이다.

 정용주 시인을 만나 교분을 나누며 우리는 서로 단번에 공통점을 발견할 수 있었다. 그때나 지금이나 이런 말을 주고받은 적은 없었지만 그와 나는 허무의 세례를 받은 동지였다. 직장을 다니며 일상을 살던 나는 표면적으로 그것을 끝없이 감추어야 했지만 산속에서 용맹정진하던 그는 허무의 내파를

가감 없이 드러내곤 하였다. 온 산이 떠나가도록 크게 마이클 잭슨의 음악을 틀어놓고 춤을 추며 마이클 잭슨을 추모하는 광기가 그에게는 있었다. 그는 음악의 진정한 향유자였다. 좋은 앰프와 스피커를 구분할 줄 알았으며 훗날 슈베르트나 모차르트를 듣기도 했지만 대중음악의 역사와 정수를 꿰뚫고 있었다.

술이라고 발음하면 모든 것이 부풀어 오른다. 그리고 폐허의 정점에서 모든 것이 허물어지고 깨져버린다. 그에게 술은 그러했다. 알코올 중독자로서 부들부들 떨며 술을 참다가 한번 입에 대기 시작하면 일주일을 어렵지 않게 술로만 견디어냈다. 아무나 붙잡고 입을 맞추고 단전의 모든 성량을 끌어올려 노래를 불렀다. 잠을 자지도 않았고 족히 한 시간 이상을 걸어야 하는 주막으로 내려가 술을 사서 두 시간 이상을 걸려 집에 도착하면 이미 사 온 술을 반 이상은 먹은 상태였다. 하찮은 급수지만 애주가인 나로서도 감당하기 힘든 술자리였다. 낭만을 넘어 광기의 경계에서 술을 마셔대던 슬프면서도 기뻤던 이상한 시절을 그와 함께 지내왔다.

이 시집의 시인의 말은 사실 지나치게 시적이면서도 정용주 시인의 시정신이 그대로 담겨 있다. 말라버린 계곡에서 스스로 거품을 물어 혀를 축이는 가재는 어쩌면 자신의 또 다른 표상은 아니었을까? 사실 외딴 산속에서 혼자 살아간다는 일은 쉽지 않다. 생활과 정서적 측면에서 견디어 내야 할 것이 너무 많다. 물 한 바가지 떠주는 이 없는 곳에서 그는 스스로 '거품을 물어 혀를 축'이며 글을 썼다. 그가 내게 고백한 것이 하나 있다. 자주 혼자 말한다는 것.

> 아침마다 창문을 활짝 열고
> 씩씩하고 활기차게 '필승' 또 '필승'
> 경례를 하는 사람이 있다
>
> 당신은 무엇을 보고 그렇게 인사를 하십니까
>
> 네, 저기 있는 까치를 보고 인사합니다
> 필승!
>
> ―「필승」 전문

유쾌한 듯 보이는 이 한 편의 시는 그의 일상을 잘 보여준다. 말 한마디 건넬 사람 없는 공간에서 그는 허공에 대고 말한다. 고전적 개념으로서 물아일체物我一體와는 전혀 다른 곳에 이 행위의 의미가 숨겨져 있다. "저기 까치를 보고 인사합니다/필승!"이라는 고백은 매우 유쾌한 듯 보이지만 이면적으로는 쓸쓸함이 그대로 녹아 있다. 당신을 당신이라고 부르는 사람이 당신이라는 사실은 그가 독백적 대화에 얼마나 능한 사람인가 하는 것을 잘 보여준다. 능하다는 말을 익숙하다는 말로 바꾸는 것이 더 적확한지도 모르겠다. 그는 커피 중독자이기도 하다. 일회용 믹스커피를 시도 때도 없이 마시고 담배를 꼬나문다. 등산 중 길을 잃은 사람들이 그의 집에 나타나 놀라는 광경을 더러 본 적이 있다. 그이들은 해발 700미터 산중에 사람이 혼자 산다는 사실, 그리고 그런 공간이 있다는 사실에 놀라곤 하였다. 긴 머리에 강원도와 경기도 여주의 중부 사투리가 혼재된 듯한 어눌한 말투의 정용주 시인은 얼핏 보기에는 도사 같은 풍모를 지니고 있었다. 그들이 경이 눈빛으로 정용주 시인을 바라볼 때 그가 길 잃고 고생했을 텐데 차나 한잔하시라고 믹스커피를 내밀면 그 경이는 궁금증의 눈빛으로 바뀐다. 도사 같은 이가 녹차나 산의 것이 아닌 커피를 마시나 하는 눈빛이 그것이다. 그는 산에 살고 있지만 자연 숭배자는 아니다. 어쩌다 보니 그렇게 되었던 것이다. 정용주 시인과 술을 마시면 곧잘 하던 말이 있다. 인디언의 속담에서 유래되었을 법한 속담 정도였을 이 말은 아무 때나 써도 그럴듯하게 들렸다. "그렇게 될 것은 그렇게 된다". 이 말은 언제나 정확하다. 운명론자들의 쓸쓸한 거처로서 금대리에서 한 시절 놀다가 흩어진 이들 모두 그렇게 되었다. 그렇게 될 것들이었으므로. 의식의 자력갱생으로서 스스로 거품을 물어 혀를 축이는 삶도 어쩌면 그렇게 될 것들이었다.

 '눈알만 물렁한 각질의 정신'이라는 시적 지향은 그가 문학과 일상에서 단련한 정신적 기질을 그대로 보여준다. 각질의 정신이란 타협하지 않는 삶의 테두리를 말하는 것일 터이다. 그 무엇으로부터도 자기를 내주지 않는 정신이야말로 예술가의 한 본분일 터. 물론 이러한 태도로 말미암아 예술의 독선적 문제가 파생된다. 그러나 그러한 폐해를 감수하고 손해를 보는 태도야말로 예술가다운 삶의 양식이 아니겠는가? 오늘날 예술이 지나치게 경박해진 이유는 현실적인 욕망과 예술적인 욕망을 한꺼번에 성취하려는 욕망의 과잉에서 비롯된 측면이 크다. 정용주 시인에게 '각질의 정신'이란 자신에게 부과된 삶의 양식을 철저히 자기 방식으로 살아내는 것을 의미한다. 그러면서도 유연한 시선을 가지고 있다. 자아 밖의 삶을 시적으로 수용해내는 힘이 여기에 있다. 물렁한 눈알이란 급소로서의 그것이지만 세계를 수용하는 유일한 통로이기도 하다. 좋은 시가 대개 그러하듯 정용주 시인의 많은 시는 일상과 광기의 경계에서 치열한 싸움을 벌인다. 물렁한 눈이 있어 가능한 일이다.

> 뼈가 굳어가는 병에 걸린 그녀는
> 무허가 지압집 3층 계단을 오르며
> 자꾸만 나를 쳐다봤다
>
> 세상에서 가장 무거운 신발을 신고
> 한 칸씩 계단을 오르며 그녀는
> 어디 가서 밥 먹고 오라고
> 숟가락을 입에 대는 시늉을 했다
>
> -「밥」전문

그녀가 누구인지는 알 길이 없지만 "뼈가 굳어가는 병"에 걸린 그녀를 데리고 무허가 지압집으로 치료를 받으러 가는 장면은 눈앞에 선하다. 무허가 지압집에서 치료를 받을 수밖에 없는 상황은 대상에 대한 연민으로 가득 차 있다. 이 시의 압권은 환자인 그녀가 "어디 가서 밥 먹고 오라고/숟가락을 입에 대는 시늉을" 하는 장면에 있다. 죽음에 준하는 고통과 죽음으로 가는 여정에서 상대에게 밥을 먹으라고 권하는 장면은 생로병사를 겪어내야 하는 인생살이를 그대로 함유하고 있다. 어디 먼 곳을 향하여 가라고 손짓하며 연신 입으로 숟가락 대는 시늉을 했을 것이다. 그렇게 될 것은 그렇게 되겠지만 그로 인해 빚어지는 슬픔의 감정 또한 어찌할 수 없는 일이 아니겠는가? 굳이 이름 붙이자면 절대 모성 혹은 절대 여성성을 구체적인 행위로 간파해낸 것이다. 고귀하고도 지랄 같은 밥의 윤리학은 인간의 가능성과 한계를 동시에 보여준다.

〈시인의 말〉 끝부분은 의미심장하다. '누가 이 피 묻은 붕대를 풀어줄 것인가'. 이럭저럭 오랜 시간을 함께 지내온 터이니 그에게 남은 상처의 기원이 무엇인지 알 법도 하지만 한 번도 구체적으로 물어본 적은 없다. 스치듯 주고받았을 뿐이다. 의문형의 저 문장은 아무도 그 붕대를 풀어줄 수 없다는 뉘앙스를 강하게 풍기고 있다. 어쩌면 자신 스스로도 그 붕대를 영원히 풀지 않을 것이라는 예감이 들기도 한다. 현실과 정신 모두를 아우르는 붕대에 둘둘 말린 상처의 기원은 알 수 없지만 이 시집에 실린 연시풍의 「인디언의 여자」 연작을 보며 그가 지향하는 사랑 혹은 평화의 실체가 무엇인지 어렴풋하게 감지되기도 한다.

　　계곡을 덮고 움막을 휘감은 칠흑의 어둠이
　　〈

방 안 종이등 불빛을 따뜻하게 만듭니다

당신이 음악으로 오고 있습니다

어둠에 잠긴 계곡을 느리게 떠다니며

발아래 제 잎을 덮고 있는 검은 나무들의 틈으로

안개처럼 당신이 차오릅니다

오는 길도 가는 길도 모두 사라진

검은 허공의 방으로

당신의 영혼이 돌아왔습니다

당신의 숨소리는 나만 들을 수 있습니다

당신의 눈물도 나만 읽을 수 있습니다
〈

이곳은 오래전에 떠나간 당신의 방입니다

이제는 떠나갈 수 없는

문 없는 방으로 당신은 돌아왔습니다

당신이 가버리면 사라지는 방입니다.

- 「인디언의 女子 2」 전문

 당신이라는 존재는 결국 시적 화자의 실존에 전제 조건이다. 음악으로 때로는 안개처럼 차오르는 당신은 이미 오래전 떠나갔으며 돌아온 것은 당신의 영혼이다. 어쩌면 현실에서 당신을 만난다는 것은 불가능한 일이라는 생각을 하게 된다. 그러나 절대 존재로서 당신은 시적 화자의 영원한 숭배의 대상이다. "이제는 떠나갈 수 없는//문 없는 방으로 당신은 돌아왔습니다"라는 고백에서 행위 주체로서의 당신은 여전히 부재할 뿐이라는 사실을 어렵지 않게 확인할 수 있다. 당신을 문 없는 이 방으로 불러들인 것은 시적 화자 자신이다. 아마도 이 부분 어딘가에 피 묻은 붕대가 둘둘 감겨 있을 것이다. 당신이 사라지면 세계도 함께 소멸할 것이기 때문이다. 〈시인의 말〉

마지막 구절 '불멸'은 결국 당신이다. 이 중첩의 의미망도 역시 그의 몫일 뿐이다. 만약 이것은 현실적 사랑이라면 더 말할 나위가 없다. 그 방이 아직 있는지 사라졌는지 알 길이 없다. 물어보지 않을 것이다. 그렇게 될 것은 그렇게 될 터이니까.

  참 오래전 초여름 그의 움막 툇마루에 앉아 먼 산을 바라본 적이 있다. 비는 오다 그치고 안개와 연기가 피어오르던 날, 나는 한없이 가라앉으면서도 충만한 기운을 느끼고 있었다. 인기척이 나서 보니 건너편 절의 보살님이 산나물을 먹으라고 꺼내놓고 천천히 산을 내려갔다. 그 보살님 옷에서도 산나물 냄새가 났다. 그때 내 별호를 하나 지어두었다. 연하치煙霞痴. 안개와 연기를 사랑한 바보. 나는 요즘 너무 똑똑하게 살고 있는 것은 아닌지 돌아보게 된다. 그렇게 될 것은 결국 그렇게 된다.

고영민 시집
- 『봄의 정치』(창비, 2019)

〈시인의 말〉

시집을 묶는 동안 어머니가 돌아가셨다.

고향에서 사과 농사를 짓던 서른셋 형이 사고로 세상을 떠났을 때

어머니는 매일 저녁 아들이 지냈던 방에 불을 밝혀놓았다.

2년 넘게 단 하루도 거르지 않았다.

아버지가 병에 걸려 몸져누웠을 때

어머니는 매끼 새 밥을 지어 올렸다.

채 몇 숟가락 뜨지 못해 밥이 그대로 남아 있어도
어머니는 병든 남편을 위해 하루도 거르지 않고
삼시 세끼 밥을 지어 올렸다.
그렇게 하지 않으면 나중에 죄가 되고 한(恨)이 된다고 했다.
나도 시를 이렇게 써야 한다.

2009년 7월
고영민

 고영민 시인은 해학의 달인이다. 충남 서산 태생인 그의 입담은 조곤조곤하면서도 의례 박장대소의 지경으로 이야기를 끌고 가는 힘이 있다. 일찍이 우리나라 개그계의 최고 입담을 자랑하는 이들이 대개 충남 출신이었다는 것을 익히 알아 왔던 터에 고영민 시인의 입담을 통해 이 해학이라는 것도 지역적 특색과 깊은 연관을 맺고 있을 것이라는 막연한 생각을 하게 된다. 그 눙쳤다가 풀어가고 두꺼비처럼 말을 되씹는 재담이란 타고나는 것이어서 어떤 인생관 같은 것이 반영된 결과라는 것이 개인적 생각이다. 어떤 이들은 삼국시대의 접경 지역으로서의 지역적 특성이 반영된 것이라는 일부 수긍이 갈만한 논리를 펴는 이들도 있다. 어쨌든 그를 만나면 언제나 유쾌하다. 그가 앉은 자리는 멀리서 보아도 주변 사람들이 슬슬 웃는 풍경을 연출한다. 건너편 자리에 귀를 기울이게 된다. 좀 크게 말해보라고 타박을 주고 싶다. 넉넉한 인심과 낙관적인 세계관은 세상을 살만한 곳으로 이끄는 힘이 있다. 그에게 왜 상처가 없을 것이며 사람살이의 난관이 없겠는가? 어린 시절, 손가락으로 먼 하늘을 가리키며 "소가 넘어간다"고 말하면 친구들이 모두 그쪽을 바라본다. "속아 넘어간 것이다". 그는 어쩌면 해학을 통해 우리를 속이고 있는지도 모른다. 우리를 속아 넘기고 있는 것이다. 이마저도 없으면 세상을 도무지 재미없이 살아갈 터이다. 이 넉넉함 속에 그의 시가 있다. 새로 먹을 매긴 먹줄이 퉁 하고 튕겨질 때 그 충격으로 주변으로 새겨지는 먹의 흔적을 그의 시에서 느끼는 것도 그 넉넉함에서 비롯되는 것이다.

〈시인의 말〉을 보면 이 시집은 분명 죽은 자들의 노래로 가득 차 있다. 그에게 시란 소멸하는 것들에 대한 기록일지도 모른다. 어떻게 사라지고 소멸할 것인가 하는 과제는 어쩌면 시의 한 운명은 아닌지 생각게 한다. 돌아가신 어머니에 대한 기억은 이미 돌아간 식구들을 다시 불러들인다. 형과 아버지의 죽음 전면에 서 있던 분이 어머니이다. 마치 총을 메고 전장에 나선 군인처럼 그들의 죽음과 죽음 이후를 악착같이 엄호한 유일한 존재로서 어머니의 죽음은 시인의 입장에서는 다른 세계로의 진입을 의미하는 것이다.

> 유골 받으러
> 식구들이 수골실로 모였다
>
> 철심이 있는데
> 어떻게 할까요?
> 분쇄사가 물었다
>
> 오빠 어릴 때 경운기에서 떨어져
> 다리 수술했잖아, 엄마
>
> 엄마 또 운다
>
> 영영 타지 않고 남는 게 있다면
> 어떤 것이 있을까
>
> 분쇄사는 천천히
> 철심을 골라냈다

- 「철심」 전문

 굽은 나무가 선산을 지킨다는 말이 있듯이 고향에서 부모님을 모시고 사과 농사를 짓던 형은 여타의 형제들과는 달리 부모님과 함께 가세를 걱정하며 살림을 도모했을 터였다. 그 자식의 죽음 앞에 '매일 저녁 아들이 지냈던 방에 불을 밝혀 놓'는 어머니의 마음이란 아득하기 그지없었을 것이었다. 죽음을 넘어선 혈육적 동행이란 육신 넘어서 비논리적 영역에 위치한다. 아마도 어머니는 이른 어둠이 찾아오는 겨울날 형의 방에 불을 밝히며 이것저것 혼잣말을 하셨을 것이다. "야야 춥지는 않냐", "이번 사과 농사는 이럭저럭 되얐느니라", "배곯지 말고", "막내가 이번에 상 받았다. 다 네 덕이다" 등등. 저 혼잣말 속에 서린 한스러움으로 형의 방 앞 툇마루를 닳고 닳도록 문질렀을 것이다. 이 시에는 형의 화장 장면이 등장한다. 화장의 과정 속에서 등장한 철심 몇 조각은 형의 죽음이라는 압도적인 비극 속에서 그 비극의 상처를 구체적으로 찌르는 듯한 고통을 던져 준다. "엄마 또 운다"는 간단한 진술은 이 시의 모든 의미망을 수렴한다. "영영 타지 않고 남는 게 있다면/어떤 것이 있을까"라는 물음은 수골의 과정에서 발견된 철심에서 촉발된 것일 터이지만 영영 타지 않고 남는 것은 엄마와 아들의 관계이다. '2년 넘게 단 하루도 거르지 않'고 아들이 지내던 방에 불을 밝혀 놓았다는 것은 지상의 시간으로 치면 평생이라는 말과 같은 의미라 할 수 있다.

고영민 시인의 시적 특징 가운데 유별난 것은 시어나 시적 발화 방식이 어렵지 않다는 데 있다. 자신의 신체적 호흡을 거의 그대로 베껴놓은 듯한 자연스러운 문장의 결은 읽는 이로 하여금 시적 정서에 쉽게 동화하도록 만든다.

> 저녁이 오는 것은
> 두부가 오는 것
>
> 오늘도 어스름 녘
> 딸랑딸랑 두부장수 종소리가 들리고
> 두부를 사러 가는 소년이 있고
> 두붓집 주인이 커다란 손으로
> 찬물에 담가둔 두부 한 모를 건져
> 검은 봉지에 담아주면
>
> 저녁이 오는 것
> 두부가 오는 것

― 「두부」 부분

  이런 시를 읽다 보면 두부를 사러 가던 어린 나를 발견하곤 한다. 어스름 녘의 가난과 풍요가 뒤엉켜 내일 숙제 걱정만 뺀다면 모든 것이 완벽했던 세계 속의 나를 그의 시에서 발견한다는 것은 시적 공감대가 그만큼 크다는 것을 뜻하는 것이기도 하다. 쉬운 말로 사람의 마음을 울리는 좋은 시를 쓸 줄 아는 몇 안 되는 시인 가운데 한 사람이 고영민 시인이다.
  '아버지가 병에 걸려 몸져누웠을 때 어머니는 매끼 새 밥을 지어 올렸다'는 것도 아들의 죽음 이후 불을 밝혀 놓았다는 것과 맥락을 같이 한다. 소멸하는 것들에 대한 애틋함이야말로 인지상정이며 사인여천의 한 표상이라 할 수 있다. 공리나 실제와는 다른 이 마음의 영역을 몸소 보여주는 분이 어머니이다. 한평생 식구들의 밥을 위해 세상과 다투었을 병든 아버지를 위해 매끼 따뜻한 밥을 올렸을 어머니는 대지의 신과 다를 바 없다. 따뜻한 단 한 숟가락의 밥 혹은 밥알 몇 알갱이라도 아버지의 입으로 들어가는 것을 보고 싶어 하는 어머니의 마음이야말로 이 세계를 사람답게 살아가는 길이 무엇인지를 보여주는 것이다.

아버지를 따라 산소에 갔다

　　아버지는 어린 내게
　　낫으로 풀 베는 법을 알려주었다

　　아버지는 천천히
　　자신의 몸쪽으로
　　낫을 당겼다

　　　　　　　　　　　　　-「풀을 벨 때」 전문

　아버지와의 추억을 담고 있는 이 시는 고영민 시인답게 여백으로 채우고 있다. 평생을 "자신의 몸쪽으로/낫을 당"기며 자식들을 건사해온 아버지의 이력을 시적 화자는 삼가는 마음으로 자신의 몸에 새긴다. 부자유친이라는 오래된 덕목이 오늘날 아무 데도 쓸데없는 유물 같은 개념이 되어 버렸지만 사실 이 가운데 사람살이의 도리를 깨치고 엄격함 속에서도 부모의 애틋한 정을 느낄 터이다. 이러한 아버지의 육체적 소멸을 온몸으로 감싸고 있는 분이 어머니이다. '그렇게 하지 않으면 나중에 죄가 되고 한(恨)이 된다고 했다'는 어머니의 말속에는 공리적 측면과는 무관한 보이지 않는 것에 대한 심리적 지향을 보여준다. 옛날의 가치나 유물처럼 여겨지는 홍익인간이나 앞에 말한 사인여천 같은 전통적 가치는 세태의 변화에 따라 천덕꾸러기로 여겨질지 모르지만 사실 어머니와 같은 분들에 의해 우리의 일상 속에서 우뚝하게 그리고 면면히 이어져 온 것이다. 합리로 포장된 오늘날의 일상 속에서는 생각도 못 할 일이 아니겠는가?

> 입속에 새끼를 넣어 키우는
> 물고기를 보면서
> 식음을 전폐한 채
> 입속에 새끼를 넣어 키우는
> 물고기를 보면서
> 내 입이 어쩜 입이 아닐지도 모른다는
>
> 주름이 한쪽으로 몰린
> 잘 씹지 못해 오물거리는
> 혼자 중얼거리는
> 노모老母의 입이 어쩜 입이 아닐지도 모른다는
>
> 다 자라고 나서도

위협을 느끼면 재빨리

입속으로 들어가 숨어버리는 물고기처럼

숨겨주는 물고기처럼

공복이 무성한,

오래 저무는 노모의 입속에

삼킬 수도 뱉을 수도 없는

- 「입속의 물고기」 전문

"식음을 전폐한 채/입속에 새끼를 넣어 키우는" 물고기는 어머니의 알레고리이다. 어린 새끼를 키우던 한때의 이야기가 아니다. "다 자라고 나서도/위협을 느끼면 재빨리" 어미 물고기의 입속으로 숨어버리듯 평생을 자식을 품고 살아온 어머니의 내력에는 죄짓지 않고 한을 남기지 않으려는 필사의 염원이 자리 잡고 있다. 법이나 도덕 너머의 사람다운 삶에 대한 내면화된 행동 양식은 고스란히 자식에게 한 표본을 제공해준다. '나도 시를 이렇게 써야 한다'는 말은 지향이나 바람이 아니라 당위적 명령 같은 것이다. 고영민의 시가 이 땅에 깊이 뿌리박고 사람을 하늘 같이 바라보며 한 그릇의 밥을 두 손 모아 공손히 받드는 이유가 바로 여기에 있지 않겠는가? 시를 쓰면서 죄와 한을 생각하는 이들이 얼마나 있겠는가?

> 세상 모든 목련나무의 만두는
>
> 늙은 내 어머니가 빚어놓았으니
>
> 목련나무마다
>
> 잘 쪄낸 만두꽃이 피었네
>
> 어머니, 이제 그만
>
> 내려오세요
>
> 어머니 나무 그늘 밑으로
>
> 툭, 떨어지네
>
>   - 「만두꽃」 부분

평생을 목련나무의 만두를 빚던 어머니가 "나무 그늘 밑으로/툭, 떨어"졌다는 것은 이제 고영민 시인이 어머니를 추억하며 살아야 한다는 뜻이다. 그것은 어머니가 가르쳐 준 바를 하나하나 소환하여 죄짓지 않고 한을 줄여가며 살아야 한다는 뜻이기도 하다. 나무 밑으로 떨어진 원융한 어머니의 사상이 그의 시에서 꽃 피고 만두처럼 여러 사람의 정신적 허기를 달래줄 수 있기를 바란다. 고영민은 시인이다.

시를 만나다
− 〈시인의 말〉을 통해 본 시인론

우대식 문학평론집

지은이 우대식 **초판인쇄** 2024년 6월 1일 **초판발행** 2024년 6월 5일 **펴낸곳** 도서출판 상상인 **펴낸이** 진혜진 **기획·마케팅** 전은빈 최유림 노혜림 정현수 **책임교정** 종이시계 **편집** 세종PNP **등록번호** 제572-96-00959호 **등록일자** 2019년 6월 25일 **주소** 06621 서울시 서초구 서초대로74길 29, 904호 **전화번호** 02-747-1367, 010-7371-1871 **팩스** 02-747-1877 **전자우편** ssaangin@hanmail.net

ISBN 979-11-93093-53-5 (03810)

값 23,000원

평택시 평택시문화재단

* 이 책은 평택시, 평택시문화재단 2024년 문화예술활동 지원사업의 지원을 받아 발간·제작되었습니다.

* 이 책은 전부 또는 일부 내용을 재사용하려면 반드시 저작권자와 도서출판 상상인의 동의를 받아야 합니다

* 이 도서의 국립중앙도서관 출판시도서목록(CIP)은 서지정보유통지원시스템 홈페이지(http://seoji.nl.go.kr)와 국가자료공동목록시스템(http://www.nl.go.kr/kolisnet)에서 이용하실 수 있습니다.